中华优秀传统文化青少年通识读本

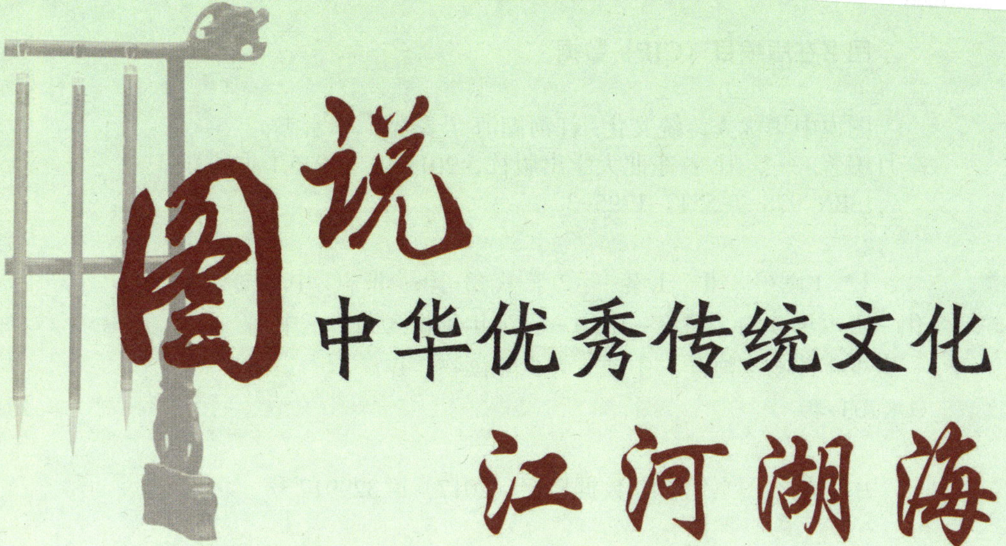

图说中华优秀传统文化 江河湖海

秦 野 李宏杰 李 月 编著

东北大学出版社
·沈 阳·

图书在版编目（CIP）数据

图说中华优秀传统文化. 江河湖海 / 秦野，李宏杰，李月编著. —沈阳 ：东北大学出版社，2017.12（2025.1 重印）
ISBN 978-7-5517-1795-3

Ⅰ. ①图… Ⅱ. ①秦… ②李… ③李… Ⅲ. ①中华文化－青少年读物②河流－中国－青少年读物③湖泊－中国－青少年读物④海洋－中国－青少年读物 Ⅳ. ①K203-49

中国版本图书馆 CIP 数据核字（2017）第 329912 号

出 版 者：东北大学出版社
地址：沈阳市和平区文化路三号巷 11 号
邮编：110819
电话：024-83687331（市场部） 83680267（社务部）
传真：024-83680180（市场部） 83687332（社务部）
网址：http：//www.neupress.com
E-mail：neuph@neupress.com
印 刷 者：三河市万龙印装有限公司
发 行 者：东北大学出版社
幅面尺寸：170mm×240mm
印 张：10.5
字 数：151 千字
出版时间：2017 年 12 月第 1 版
印刷时间：2025 年 1 月第 6 次印刷
责任编辑：向 阳 潘佳宁
责任校对：梁 洁
封面设计：潘正一
责任出版：唐敏志

ISBN 978-7-5517-1795-3 定 价：36.00 元

“悦读”中国，“图说”文化

在我的童年里，书很少，值得读的有价值的书更少。那时候，总是几个小伙伴共享一本书，一个人朗读给一群人听，然后大家分享。那时候最喜欢的书，是图文并茂的，即使没有配图，我们也会想象出无穷无尽的画面。

那时候总是对历史文化方面的书有着特殊的情感，甚至是执着。长大以后，成为教师，成为中华优秀传统文化的传播者，更是把编写少儿国学文化普及读物作为自己的一项使命。

带着儿时的执念，也带着对中华文化的热爱，我们为青少年朋友编写了这套“图说中华优秀传统文化”丛书。

这套丛书从青少年的兴趣出发，围绕科技发明、江河湖海、文治武功、文化古迹、书法绘画、经史子集、民俗礼仪、百家争鸣、名人典故、文史趣谈、名山胜地、历代珍宝等十二个主题，通过中华文化核心理念、故事、图片、思考、诗文等板块，图文并茂、全方位地解读中华文化。阅读本书，你能感受到——

仰望星空，俯察大地，铸鼎烧瓷，琢玉雕金，四大发明纵横世界，先人的智慧与汗水凝聚古今！

浩浩长江，巍巍昆仑，三山五岳，青海长云，黄河之水天上来，那是九州血脉！

秦皇汉武，唐宗宋祖，文治武功，永乐康乾。以经天纬地智慧，谋万民福祉，开创盛世中华！

万里长城，都江古堰，布达拉宫，紫禁之巅，圣哲先贤的身影，穿梭于秦时明月汉时关！

一点朱红，万般青翠，工笔写意，凤舞龙飞，颜筋柳骨勾勒出炎黄子孙的雄壮华美！

圣人辈出，述往思今，栉风沐雨，百家争鸣，经史子集里谱写着任重道远的担当！

“悦读”中国，“图说”文化。愿这套书带给你一股温暖、愉悦的力量。

秦　野

2017年9月

目 录
CONTENTS

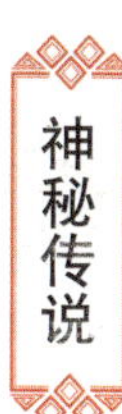

一战定天下

鄱阳湖

在我国的长江流域，有一个非常大的淡水湖，叫作鄱阳湖。鄱阳湖位于江西省北部，古时候叫作彭蠡泽、彭泽、彭湖、彭蠡，它的形状像一个大葫芦，湖水面积约有3150平方千米。在中国，是仅次于青海湖的第二大湖。

鄱阳湖的传说

相传，古时候有一个年轻的打渔郎，他姓胡名春。有一天，在鄱阳湖里网到一个大盒子。他打开一看，竟然光芒四射。原来里边收藏着一颗硕大的明珠，于是，胡春就兴高采烈地回家了。在他回家的路上，遇到了一个穿着绿衣服的少女，蹲在路边哭得很伤心。于是胡春就走上前去，问她："你为什么哭得这么伤心啊？"少女说："我把家里的明珠弄丢了，不知道该怎么办。"胡春一听，立刻

夜明珠

图说

夜明珠是一种稀有的宝石，古称"随珠""悬珠""垂棘""明月珠"等。通常情况下所说的夜明珠是指荧光石、夜光石。

说："原来是这样啊，没关系，我今天打渔捞到一颗明珠，就给你吧。"少女破涕为笑，千恩万谢地走了。

过了一段时间，胡春在打鱼的时候忽然遇到狂风暴雨，霎时间天昏地暗，眼看船就要翻了。正在这万分危险的时候，水面上出现了一位绿衣少女。她手里举着明珠，明珠发出耀眼的光芒，为胡春导航，终于转危为安了。原来这位少女是瑶池玉女，名叫大姑，因触犯天规，被贬在鄱阳湖上，独居在碧波之间。经过这件事，胡春和大姑相爱了，两个人很快结为夫妻，过着幸福的生活。

可惜好景不长，天庭知道大姑与胡春结为夫妇，就派遣天兵天将去捉拿大姑。还有一个恶霸因为垂涎大姑的美貌，想加害胡春。

当大姑被天兵天将抓到空中时，正好看见恶霸要杀害胡春。在情急之下，大姑把脚上穿的鞋踢了下来，化作一片峭壁，把恶霸镇压在了湖底。

延伸思考

这个传说给了我们什么启示?

鄱阳湖大战

元朝末年，百姓为了反抗元朝统治者的残暴统治，各地纷纷起义，最终推翻了元朝。之后还剩几支很大的势力，来争夺天下，其中有两个死对头，一个是朱元璋，一个是陈友谅。

当时，朱元璋手下有个叫康茂才的将领，说自己与陈友谅是老相识，愿意假装向陈友谅投降，并劝说他把军队分成三路前去进攻朱元璋，以达到分散陈友谅的兵力的目的。然后朱元璋在一路上设下埋伏圈，就能把陈友谅痛打一顿，一定能够消灭他。

陈友谅收到了康茂才的投降信，不知道这是个阴谋，高兴地答应了。这天，陈友谅按照约定，率领水军来到了与康茂才汇合的地点——江东桥。陈友谅一连喊了好几声“老康”，也没人回应。陈友谅这才突然反应过来，自己很可能上当了，已经进入到了朱元璋的埋伏圈！

“快撤退！”陈友谅急忙命令船队撤退，可是已经来不及了，只见事先埋伏好的士兵们一起从四面八方冲杀出来，霎时间鼓声震天。陈友谅的水军一下子就乱了套，被杀死的人和被淹死的人数也数不清。陈友谅顾不得自己的军队，连忙上了一条小船逃走了。

三年后，陈友谅又集合起一支水军，号称有60万人，又一次在鄱阳湖与朱元璋展开大战，想要给自己报三年前的仇。他的战船高达30多米，首尾相连，长达好几十里，威风极了。朱元璋的小船根本打不过他，只好采用谋略，想要智取。手下的将领给朱元璋提了建议，说您可以用放火烧船的办法试一试。朱元璋觉得这个主意好，于是派出7艘小船，顺风点火，直接让这火船冲向陈友谅的水军。这一下子陈友谅可遭殃了，只见他的大船队伍在猛烈的风火当中，一下子全都燃烧起来，鄱阳湖的水面被火光照映得通红！朱元璋趁着敌人慌乱逃跑之际，发动攻击，双方大战了10多个小时，最终，陈友谅被一阵乱箭射死了。

这就是惊心动魄的鄱阳湖大战。朱元璋消灭了其他的势力，为自己统一天下奠定了基础。

延伸思考

我们从朱元璋在鄱阳湖战胜陈友谅的故事里学到了什么？

水战油画

图说

古代水战的主要方式为撞击战和接舷战。在热兵器尚未普及前，水战主要以弓箭为主，船上水军分刀盾兵、弓箭兵、艄公。刀盾兵负责防御及船只靠近后的“跳帮”格斗，弓箭兵又称远程兵，配有弓箭，负责射杀敌人和掩护梢工。艄公管船只的进退。

鄱阳湖的“魔鬼三角”

自古以来，老爷庙水域是鄱阳湖最为险要的地方，水流湍急，恶浪翻滚，让过往航船难以提防，沉船事故常常发生，而且无从打捞，因此被誉为中国的“百慕大”，也被称为鄱阳湖的“魔鬼三角区”。在当地人眼里，沉船的种种怪现象，源于一个离奇的传说。

相传明太祖朱元璋与陈友谅大战鄱阳湖时，有一次朱元璋败退湖边，湖水挡住去路，无船难行。险急关头，忽然有一只大乌龟游了过来，搭救朱元璋渡过了鄱阳湖。

朱元璋得天下后，没有忘记大乌龟的恩情，封它为“元将军”，在湖边修建“定江王庙”，百姓称为“老爷庙”。

至于这里的船只失踪到底有什么科学的解释，还需要等待科学家进一步的研究。

延伸思考

你认为这里为什么会发生神秘的沉船事件呢？

诗文链接

鄱阳湖

宋·周弼

鄱阳湖浸东南境，有人曾量三十六万顷。我昔乘槎渤澥间，眇视天溟坎蛙井。

浪何为而起于青云之底？日何为而碎于泥沙之里？

太极初分一物无，天水相包若鸡子。

扬澜可供李白青州杓，彭蠡付与卢敖洗龟壳。

斗大孤山没处藏，斸取来搘鼎铛脚。

胸中八九吞云梦，似此蹄涔亦何用。安得快意大荒之东东复东，指麾鱼鳖骑苍龙。

八百里洞庭

洞庭湖

洞庭湖位于湖南北部，长江中游荆江南岸，湖水面积约2820平方千米，是中国第二大淡水湖。洞庭湖景色秀丽怡人，它最大的特点是湖外有湖，湖中有山，芦叶青

洞庭湖

图说

洞庭湖，古时候有很多名称，其中最有名的就是云梦泽。传说中洞庭湖是古代云梦大泽的一部分。西汉著名文学家司马相如曾经这样描述云梦泽："云梦者，方八九百里，则此泽跨江南北。"

青，水天一色。湖中的小山很多，其中最有名的叫作君山（原名洞庭山）。沿湖还有岳阳楼等名胜古迹。明朝的徐元曾经在《八义记·山神点化》里写道："三醉岳阳人不识，朗吟飞过洞庭湖。"自古以来，洞庭湖的周边地区就是富饶的鱼米之乡。

九龙闹洞庭

早在春秋战国时期，就有了洞庭湖的名字，湖中的

“九龙闹洞庭”被授予国家级非物质文化遗产保护项目。

“九龙闹洞庭”（又称九龙舞）历史悠久，据史料记载，始于汉、兴于唐。相传伟大的爱国诗人屈原投江以身殉国，人们每年端午节都要划龙舟前来打捞，此举感动了洞庭龙王的九个儿子，九条小龙翻江倒海，大闹洞庭，逼着老龙王把屈原的遗体送回人间。人们为感激九龙的义

九龙舞

图说

有文化研究者总结，国内的南龙和北龙以腾、跃、盘、旋等竞技为主，“九龙舞”则是在竞舞中编织精美图案，完成一个又一个的立体造型，龙在图案中竞舞，图案在竞舞中变幻，是一种舞动的造型艺术，在国内龙舞中极为少见。

洞庭湖缩小后露出的干涸土地

图说

据史料记载，18世纪的洞庭湖面积还有6000平方千米，可到了十九世纪中期只剩下不到一半了。在130年的时间里，足足缩小了3400平方千米。

延伸思考

你知道关于大舜和他的妃子的故事吗？

举、纪念屈原，模仿九龙的舞姿，创造了九龙舞。随着时代的发展，一代代龙舞艺人不断推陈出新，已形成了独特的九龙舞艺术。2008年，岳阳市平江九龙舞被国务院公布为国家级非物质文化遗产保护项目。

洞庭湖的演变

古代的洞庭湖和如今的洞庭湖形状大不相同。在古代曾经号称“八百里洞庭”。因为洞庭湖位于长江中游的荆江段南岸，每年在洪水泛滥的时期，大量的泥沙从长江和它的支流流进洞庭湖，并且在湖底沉淀。据调查得知，每年流入洞庭湖的泥沙很多，而流出的泥沙却特别少，所以洞庭湖逐渐干涸。而人类也喜欢在湖泊的湿地上开垦，进行围湖造田。

成语

泛滥成灾

泛滥：河水涨漫，四处乱流。原指河水涨溢漫流，造成灾害。后比喻数量过多形成祸害。有时也比喻坏的思想言行到处传播，造成不良影响。

洞庭名胜

洞庭湖的景色美不胜收，成书于清代的《洞庭湖志》中记载有“潇湘八景”。其中的“洞庭秋月”“远浦归帆”“平沙落雁”“渔村夕照”“江天幕雪”都是对它美景的描绘。洞庭湖还有“日景”“月影”“云影”“雪影”“山影”“塔影”“帆影”“渔影”“鸥影”“雁影”等“十影”。而要说到最具代表性的建筑，则有岳阳楼、封山印和擂鼓台等。

岳阳楼

图说

岳阳楼是江南三大名楼之一，其他两个是黄鹤楼和滕王阁。岳阳楼是观洞庭湖湖景最好的地方，也是传说中东吴水军练兵的地方。洞庭湖是历史上重要的战略要地、中华优秀传统文化发源地，湖区名胜繁多，以岳阳楼为代表的历史胜迹也是我国现代的旅游文化资源。

诗文链接

望洞庭湖赠张丞相

唐·孟浩然

八月湖水平，涵虚混太清。
气蒸云梦泽，波撼岳阳城。
欲济无舟楫，端居耻圣明。
坐观垂钓者，徒有羡鱼情。

太湖之美美在水

太湖

“太湖美呀太湖美，美就美在太湖水。水上有白帆；水下有红菱；水边芦苇青；水底鱼虾肥。湖水织出灌溉网，稻香果香绕湖飞。”一首《太湖美》唱出了太湖的富饶。

太湖位于江苏和浙江两省的交界处，长江三角洲的南缘，古称震泽、具区，又名五湖、笠泽，是中国五大淡水湖之一。传说四千多年前，大禹在太湖治理水患，开凿了三条主要水道，东江、娄江、吴淞江，贯通了太湖与大海的渠道，将洪水疏导入海。这就是司马迁在《史记》中记载的“禹治水于吴，通渠三江五湖。”太湖水面辽阔，它的面积有2420平方千米，非常广大，所以才称作太湖。

延伸思考

你去过太湖吗？描述一下你心中的太湖是什么样子的？

这里山清水秀，极富江南水乡风味。浩瀚如海的太湖，散布着48个岛屿，这些岛屿连同沿途的山峰和半岛，号称72峰，它们是由浙江天目山绵延而来，或止于湖畔，或纷纷入湖，形成了山水环抱形式，构成一幅山外有山、湖外有湖的天然画面。

太湖孝子鱼的传说

传说很久很久以前的一个冬天，天气十分寒冷，连太湖也冰封了，不少渔船被冻在太湖里不能移动了。

有一只渔船里住着母子两个人。因为连着几天冰都不化，船不能动，船上一点吃的也没了。母亲躺在船上卧病不起，实在饿了，就叫儿子抓条鱼吃，填填肚子。儿子看看冰冻的太湖和生病的母亲，就咬咬牙脱下身上的衣裳，破冰下水捉鱼。在湖里摸了很长时间，全身冻得发紫，好不容易捉到一条鱼。他爬上船穿好衣服，正要杀鱼，只见这条鱼竟然双眼流泪，像是在哀求放了它。

儿子看看生病的娘，母亲又病又饿，等着给烧点鱼汤喝喝。再看看双眼流泪的鱼，看看实在下不了手。想来想去终于想出个办法，他自说自话拿起菜刀，把鱼剖成两半，一半是留着五脏六腑的，一半光是肉。他把有内脏的一半，放进湖里，对它说："鱼呀鱼，你有五脏六腑，回到水里去寻活路吧！借你的半身，我要去救救娘亲的命，请你原谅我。"奇怪，那半片鱼，好像通了人性。一会儿，摇头摆尾地游走了。小伙子很高兴。连忙把另一半烧了汤，端给娘吃了。娘喝了鱼汤，肚子也不饿了，病也渐渐地好了。

过了几个月，渔民们发现太湖里多了一种从来没有见过的鱼，它宽如手掌，但只有半个脑袋一只眼睛，没有椎骨肋刺，浑身透明，可以看见五脏。更稀奇的是，鱼身的

卧冰求鲤

图说

孔子认为，孝是一切道德的基础、至善的美德。一个能侍奉双亲的孝子平时要以最诚敬的心情去周到地照顾父母；任劳任怨地服侍父母，精心照料；父母过世时，要以最哀痛的心情来追思父母。

延伸思考

我们从故事中儿子的行为学到了什么？

一面只有一层簿皮，另一面却是雪白的肉。——这叫啥鱼呀？后来渔民听到这母子俩讲的故事，深受感动，恍然大悟，就把这种鱼叫作"孝子鱼"。直到今天，太湖里还有这种鱼！

太湖七十二峰的传说

我国五大名湖中，要算太湖里的山峰最多。太湖中为啥有这么多的山峰？这要从秦始皇南巡说起了。

秦始皇统一六国之后，他知道国家的地盘很大，但不知道究竟山有多少，水有多少，田有多少，就派出大臣到全国各地去丈量。丈量后，大臣们回来报告说："我国的地盘是'三山六水一分田'。"秦始皇一听，觉得山也太多，水也太多，就是田太少了。

怎么办呢？秦始皇想：我有一根赶山宝鞭，何不把山赶到水里去。这样一来，不就山也少了，水也少了，田就多了么！

秦始皇带着赶山宝鞭，到天下去巡游。他巡游到太湖边上，只见湖水望不到边沿，太湖好大呵！一问当地官员，说有三万六千顷。再看看太湖边上，山峰一个连着一个。一问当地官员，说有三千六百个。

秦始皇一边看，一边想：这里湖大山多，正好把山赶到湖里去。于是，秦始皇举起赶山鞭，看到一山挥一鞭，挥起一鞭赶一山，一会儿这里"扑通"，赶下一座山；一会儿那里"扑通"，又赶下一座山，把个太湖闹翻了。

太湖接近东海，属东海龙王管辖。虾兵蟹将立即向东海龙王报告。东海龙王一听，心里急啦：把山头赶到湖里，我的子孙没有地方蹲啦，我的地盘也缩小啦，倘若让他再赶下去，湖海都填平了，我住到啥地方去？

东海龙王急得团团转，想来想去没有办法。这时，他的小女儿来了。小女儿聪明伶俐，一见父王这个样子，便问道："父王，你为何这般模样？"龙王把秦始皇赶山填湖的情况说了一遍。小女儿想了想说："父王不必着急，女儿自有办法。"接着，便附在龙王耳边说了几句，龙王大喜道："好！好！就这样办！"

太湖第一峰

图说

缥缈峰位于苏州西山岛西部的西山主峰，海拔336米，为太湖七十二峰之首，被称作太湖第一峰。因经常被云雾笼罩，犹如传说中的缥缈仙境而得名。

再说，秦始皇在湖边赶山，每天赶下九座，一连八天，一共赶下七十二座山。这天，秦始皇拿着鞭子，来到一座高山下，正要举鞭，忽见山脚下有间草屋，屋里有个姑娘在纺纱。秦始皇走近一看，这姑娘多漂亮呀。心想：我见过天下多少美女，哪一个比得上她？秦始皇连赶山也忘记了，立即叫人把姑娘抢进了皇宫。

晚上，秦始皇和姑娘一起喝酒，秦始皇喝得酩酊大醉，睡着了。这时，姑娘偷偷地找到了赶山鞭，一阵风似的离开皇宫，回到东海龙宫里去了。

原来，姑娘就是东海龙王的小女儿，她知道秦始皇好色，变了个漂亮的姑娘，故意让秦始皇抢去，好拿他的赶山鞭。现在，立在太湖中的七十二峰，就是当年被秦始皇赶下去的。后来，秦始皇失去了赶山鞭，就没法赶山了。要不，太湖中的山头还要多呢！

延伸思考

从这个故事当中我们得到了什么启示？

诗文链接

题太湖

明·杨基

天帝何时遣六丁，凿开混沌见双青。
湖通南北澄冰鉴，山断东西列画屏。
掩雨龙归霄汉暝，网鱼船过水云腥。
乘风欲往终吾老，角里先生在洞庭。

美哉洪泽湖

水鸟飞过洪泽湖

洪泽湖是我国的五大淡水湖之一，它位于江苏省西部淮河的下游地区，淮安、宿迁两市境内。它的形状像一只展翅高飞的大雁，翱翔在辽阔的苏北平原上。这里在200万年以前是古代海滨的一个潟湖，由于巨流大川的冲积，潟湖逐渐退居内陆，分裂成许多小湖，形成了一个比较浅的小湖群。后来，因为黄河改道，淮河泛滥成灾，使原来许多小湖逐渐汇成一个巨大的湖泊。它的水域面积达到两千多平方千米，湖岸线长354千米。因为常年的泥沙淤积，洪泽湖湖底高于东部的平原4～8米，所以又被称为“悬湖”。

九牛二虎一只鸡

人们常用“九牛二虎”来比喻力大。例如，形容做什么事情费了很大的力气，就可以说费了“九牛二虎”之力。为了防洪抗汛，在清朝的时候，政府在加固洪泽湖大堤的同时，便铸造了“九牛二虎一只鸡”。牛和虎代表力量，鸡代表阳刚之气。把它们放在大堤水势最凶猛的地方，为的就是祈求以这些动物的力量来镇水，不让湖水泛滥成灾。

洪泽湖铁牛雕像

据说铁牛当初铸造之时，肚子里的内脏都是用金银做的。这铁牛就有了灵气，夜里常常跑到田里偷吃老百姓的庄稼。当人们出来抓贼的时候，一棍子打了它的双角。此后又不知道被谁偷走了铁牛的金心银胆，于是，铁牛就不能动了，也失去了镇水的作用。

现存的铁牛和真的牛

差不多大，重约2500公斤，铸工精细，造型生动。它昂首屈膝，憨态可掬，仿佛正在哞哞鸣叫。铁牛的肩膀处刻有楷书阳文：“维金克木蛟龙藏，维土制水龟蛇降，铸犀着证奠淮扬，永除错垫报吾皇。康熙辛巳午日铸。”

沧海桑田，“九牛二虎一只鸡”大半都已经不见了，只剩下五头铁牛四处零落在堤坝上。如今这些铁牛也成了受人们喜爱的洪泽湖上的景观。

延伸思考

你知道每年的3月18日是洪泽湖放鱼节吗？你认为放鱼节值得提倡吗？

刘基造堤

刘基

图说

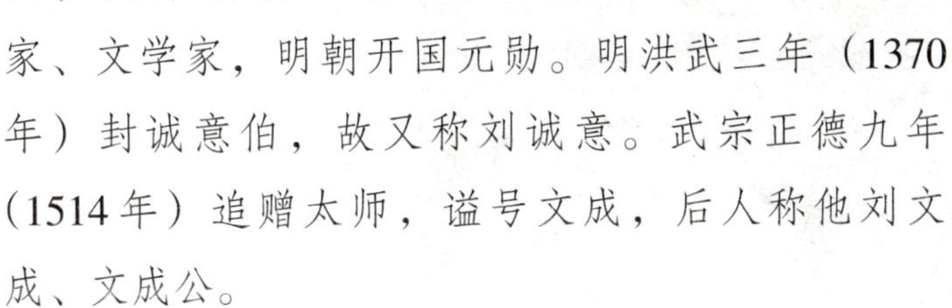

刘基，汉族，字伯温，处州青田县南田乡（今属浙江省温州市文成县）人，故称刘青田，元末明初军事家、政治家、文学家，明朝开国元勋。明洪武三年（1370年）封诚意伯，故又称刘诚意。武宗正德九年（1514年）追赠太师，谥号文成，后人称他刘文成、文成公。

大明朝的开国军师刘基（刘伯温），帮助朱元璋消灭元朝，建立了大明朝。百姓的生活日益改善，一派国泰民安的景象。然而，当时的洪泽湖水患很严重，洪水时常淹没庄稼。朱元璋就下旨让刘基兴修水利。刘基接旨后，就到洪泽湖一带。从老子山到清江，一路勘察地形。他发现这一带地形高低不平，之前建造的堤坝没有按照水平去修建，所以上游一来水，下游就会决口。刘基找到决口的原因，就跟老百姓买了很多米糠，运到上游，在老子山处放下水。他把米糠慢慢地撒在水面上，根据米糠在河两边所贴的位置，找到了水平线。再根据米糠的位置向上建堆堰，就形成了现在的弯弯曲曲的洪泽湖大堤。刘基用这种方法建堆堰以后，就再没有决口，人们都把这条坚实牢固、水冲不垮的大堤叫“钢堆”。

延伸思考

你对刘伯温有什么了解？

洪泽湖里的鱼为什么鲜美

传说孙悟空大闹天宫后，偷吃了太上老君的仙丹。太上老君就想找一个安静的地方重新炼丹。老君站在云头看

影视剧中的“太上老君”的形象

到下面有一座青山，山脚下是一眼望不到边的绿草。老君降落到地上一看，正是洪泽湖南岸的老山，正好又有一个山洞。太上老君就在这老山采药草、炼丹。没想到不久，孙悟空还想吃仙丹，他四处寻找太上老君，猛然看到洪泽湖南岸有一座大山，他就降落下来，在山南坡看到一个仙人洞，就进去了。到里面一看，果然是太上老君正在忙着炼仙丹呢。

老君看到孙悟空又来了，连忙把仙丹装到葫芦里，架起云头就往天上跑去。孙悟空紧追不舍，伸手就来抢葫芦。眼看仙丹就要被孙悟空夺走，老君一气之下举起大铁棒打破葫芦。孙悟空连抓带抢得到几粒仙丹，其余的仙丹都落到洪泽湖里去了。湖里的鱼、虾、蟹都争着来吃仙丹。从那以后，洪泽湖里的鱼类肉鲜味美，非常好吃，直到现在仍然远近闻名。

延伸思考

你知道的鱼的种类有哪些？

古今洪泽湖

洪泽者，大水积聚之处也。公元616年，隋炀帝杨广从洛阳乘龙舟游江都的时候，路过一个地方叫作破釜塘。这个地方当时干旱了好久了，正巧隋炀帝路过的时候天降大雨。大雨中的湖水水位大涨，波涛澎湃，仿佛连天的大泽。隋炀帝非常高兴，便把破釜塘改名为洪泽浦。到了唐朝初年正式定名为洪泽湖。

洪泽湖湖面辽阔，资源丰富，既是淮河流域大型水库、航运枢纽，又是渔业、特产品、禽畜产品的生产基地，素有“日出斗金”的美誉。这里不仅盛产鱼、虾、蟹等，而且芦苇、莲藕等水生经济作物资源也非常丰富。

洪泽湖水产养殖

图说

纵观湖面，洪泽湖万顷烟波，“无限银涛接远天”，放眼远眺，恰是“古岸云山山隐隐，烟州芳草草芊芊”如诗如画，美不胜收。

过洪泽湖

现代·陈毅

扁舟飞跃趁晴空，
斜抹湖天夕阳红，
夜渡浅沙惊宿鸟，
晓行柳岸雪花骢。

一湖碧波情澎湃

巢湖美景

当我们翻开安徽省地图的时候，第一眼就会看到一个蓝色的“大鸟巢”，这就是我们要说的巢湖了。巢湖位于合肥市南部，是我国的第五大淡水湖。巢湖的风景秀丽，湖水浩渺。著名的“巢湖四绝”，分别是湖光、江涛、温泉、奇花，让人叹为观止。这里四季分明、气候温和、雨量充沛，非常适合农作物生长。多条江河在这里汇聚，是江北著名的鱼米之乡。

巢湖的历史

延伸思考

你还知道哪里有“大鸟巢”？

巢湖历史悠久，人杰地灵。这里是古人类最早的发源地之一。曾经发现过“和县猿人”和“银屏智人”两种古代猿人，还有“中国最早的城市”凌家滩文化遗址，距今也有五千多年的历史了。这里在古代被称为“居巢”“南巢”。据传说巢湖之所以叫巢湖，不仅因为它的形状像一个鸟巢，还因为有巢氏一族曾经住在这里。商汤也曾经流放夏桀到这里，有文字记载的历史就有3000多年了。这里无数的历史遗迹，记录了人类进化和历史变迁的过程，震惊了中外的考古学界。

文臣武将的舞台

这里的自然环境鬼斧神工，又有许多名胜古迹，巢湖之水哺育了一辈又一辈的历史名人。

这里自古就是兵家必争之地，各个朝代的名将都曾经驰骋在巢湖区域的疆场上，留下了众多的古战场遗迹和传说。在秦朝末年的时候，这里是“楚汉争霸”中，项羽的谋臣范增的故土。秦汉之后，巢湖又成了“三国”的古战场。一代“枭雄”曹操和“美周郎”周瑜曾经在这里展开

古代战场征战图

过长达数十年的“拉锯战”。

在文学界，晋代的王羲之；唐代李白、杜牧、罗隐、刘禹锡；宋代欧阳修、王安石、米芾、陆游、杨万里；明清朱元璋、李鸿章；都曾经在这里留下了足迹，极大地丰富和提升了巢湖的历史文化底蕴。

延伸思考

你知道关于三国征战的故事吗?

巢湖的传说

从中庙向南望去，可以看到巢湖中有一座小岛，这就是姥山。与姥山相对的湖中还有一座小一点的山叫孤山，也叫儿山。远远望去，姥山像一位老态龙钟的妇人，凝望着滔滔湖面上的儿山。

巢湖本是美丽丰腴的鱼米之乡，这里有一座叫巢州城的城镇。城里住着一对姓焦的贫苦但善良的母子，平日里做了很多善事，而且每天都吃斋念佛。突然有一天东海里有一条鲤鱼精作祟，想要淹没这里。这件事被观音菩萨知道了，就想要救这对母子。于是，观音菩萨托梦，告诉母亲灭顶之灾即将来临。菩萨说，你注意看土地庙门口的石狮子，什么时候石狮子的眼睛变红了，就是大水到来之日，你们母子就要赶紧逃命。而且天机不可泄露，万万不可告诉他人，否则自身难保。

善良的母亲自从知道了鲤鱼精的阴谋后，每天早晨都去土地庙看狮子的眼睛。她挨家挨户告诉大家大祸即将来临，劝大伙逃命，还准备了船只。但是没有一个人相信她的话。终于有一天早上，母亲看见石狮子的眼睛红了，母子俩再次挨家挨户动员，此时地动山摇、风起云涌，大家才终于相信了他们的话，于是大家开始扶老携幼，拼命向船只跑去。

当这对母子通知完最后一户时，鲤鱼精已经赶到了。鲤鱼精看到这对母子破坏了他的阴谋，气急败坏地掀起巨浪，想要打翻船只。母子害怕船被鲤鱼精打翻，为了救人，自己跳进了湖中。一座化成了姥山，一座化成了儿山，也叫孤山。还有远远的湖边两座小小的孤岛叫鞋山，那是他们情急之中跑丢的两只鞋。

这就是“巢湖陷落”“一夕成湖”的传说。

延伸思考

从这对母子的故事里你学到了什么？

安徽巢湖姥山岛

现代的半汤温泉

图说

在巢湖湖畔的汤山山麓上，有一座很有名的温泉，分为一冷一暖两道泉水合流在一起，所以称作半汤温泉。它的历史十分悠久，早在秦汉时期，人们就发现并开始使用这个温泉了。

温泉常年喷出60～80摄氏度的泉水，水中富含30多种活性元素，可以治疗肝胃虚寒、痢疾、咳嗽、皮肤病等多种病症，真是一处福地啊。温泉蒸发的热气终年笼罩在曲径通幽的山道上，好似仙境一般。唐代诗人罗隐游览了半汤温泉后，曾经写下“饮水鱼心知冷暖，濯缨人足识炎凉”的佳句。

中庙

图说

矗立在巢湖北岸凤凰台上的中庙，被称为“湖天第一胜处”。这座庙最早是在唐朝修建的，后来也有过多次的翻修。这里三面临水，楼台巍峨，十分有气势。庙内为四合院形状的纯木质结构建筑，非常精巧别致。登上楼台，望着烟波浩渺的巢湖，竟然让人分辨不出哪里是水，哪里是云。万顷波涛，船帆如织，远山岚影，如梦如幻，景色非常壮观。

诗文链接

巢湖舟中晚眺

明 · 李瀚

一群飞鸟下夕阳，柔橹声中逸兴长。
雨过平湖生紫翠，天空望眼入苍茫。
鸣钟烟寺藏红塔，傍水人家种绿杨。
此日置身图画里，何年更美白云乡。

中国最大咸水湖

青海湖

在被称为“世界屋脊”的青藏高原的东北部，有一个美丽的湖泊，就是青海湖。它的周围地域辽阔，草原广袤，环境清幽。

有一个成语叫做“五湖四海”，“四海”中的西海指的就是它。那为什么青海湖会被称为一个海呢？这是因为青海湖面积很大，又是个咸水湖，古人就误认为它是一片海了。青海湖在藏语中有一个好听的名字叫“措温布”，在蒙语中又叫做“库库诺尔”都是“青色的海”的意思。

青海湖的变迁

原本青海湖是一个淡水湖，但是由于泄洪的通道在漫长的时间里逐渐被堵塞，青海湖慢慢变成了一个闭塞的湖泊。再加上高原上日照时间长，蒸发剧烈，湖水的盐分也越来越高，青海湖就慢慢变成了咸水湖。

在北魏的时候，青海湖号称周长有千里，到唐朝减少

青海湖鸟岛

图说

鸟岛上岩石嶙峋，景色旖旎，虽然面积非常小，却栖息着10万多只候鸟。它们黑压压地挤在小岛上，好似一个候鸟的王国。

青海湖鱼群

滩黄羊

为400千米，到现在只有300多千米了。湖的面积和水量都减少了。

现在的青海湖四周被四座高山所环绕：北面是崇宏壮丽的大通山，东面是巍峨雄伟的日月山，南面是逶迤连绵的青海南山，西面是峥嵘嵯峨的橡皮山。青海湖的南北两岸曾是丝绸之路青海道和唐蕃古道的必经之地。

碧波连天的青海湖就好像一块巨大的宝石，镶嵌在青藏高原之上。在周围茫茫的草原的映衬之下，显得十分壮美。

 成语

碧海青天

碧绿的海，蓝色的天。形容水天一色，旷远无边。

青海湖周边的生态环境

青海湖的周围是一个多民族杂居的地区，主要有藏、汉、蒙、回等12个民族。其中，藏族人最多，是湖区的主要民族，他们主要以农业和畜牧业为生。

青海湖周围土地平坦而且很肥沃，雨雪也很充足。既

是一个天然的牧场，又是肥沃的良田，非常适合农牧业的发展。当地的人们一边放牧，一边开垦土地，种植饲料作物等。这里自古以来就是牛、马、羊的重要产地。青海湖一带所产的马在春秋战国时代就很有名，当时被称为“秦马”，而且善于配合骑兵作战。

青海湖周围还有丰富的鸟类资源，约有鸟类189种，包括国家一级保护动物黑颈鹤，国家二级保护动物鸬鹚、大天鹅，国家三级保护动物棕头鸥、斑头雁等。

青海湖里也有很多的鱼。数量最多的叫湟鱼，是鸟儿们最喜欢吃的鱼类。当地人中流传着“青海湖里两个宝，一是湟鱼二是鸟”的说法。

除此之外，还有世界级濒危野生动物之一的普氏原羚（也叫滩黄羊、滩原羚）也生活在这里。

青海湖的传说

关于青海湖的形成有许多美丽的传说。其中之一是说：龙王有四个儿子。在儿子们长大后，龙王便为每个儿子分了一片海作为领地。但是唯独没有分给最疼爱的小儿子。龙王对小儿子说：“现在没有多余的海可以分给你做领地，你自己去找一个地方造一片自己的海吧。”于是，小龙子就飞过了无数的高山、平原和盆地，终于来到了西部。它引来了一百零八条河汇成了一片大海，就是浩瀚的西海。这其实是龙王对小儿子的考验，小儿子因此获得了磨炼，成为了西海龙王。

还有一个传说，说的是唐朝的时候，文成公主远嫁吐蕃王松赞干布。临出发的时候，唐王赐给她一面日月宝

文成公主入藏图

镜，据说可以照出家乡的景色。在途中经过日月山的时候，公主非常想家，便拿出了宝镜，果然看见了久违的家乡长安。思乡之情使她痛哭流涕。但公主突然记起了自己和亲的使命，便毅然将宝镜扔了出去。没想到那宝镜落地时金光一闪，就变成了青海湖。

湖边的习俗“祭海”和“转海”

“祭海”就是祭祀青海湖，最初是蒙古族萨满教的传统，他们相信万物有灵。早在元朝的时候，蒙古族就有祭天、祭山、祭海的风俗。在长时间的感染下，湖边地区的藏族人也参加了这项祭祀活动。“祭海”慢慢从一种民俗活动演变为了一种包含多民族民俗的文化现象，表达了人与自然和谐共存的美好愿望。

延伸思考

青海湖的传说给了你什么启示？

“转海”作为湖区各民族民间信仰的一部分，有着悠久的历史。唐代松赞干布的著作里就有转海的记录，它讲

转海

述了转海的很多好处。例如，转海可寄托一切希望，也可解除一切病魔、苦难和烦恼。转海不分民族、性别、身份，只要有一颗虔诚的心就可以了。

诗文链接

关山月

唐 · 李白

明月出天山，苍茫云海间。
长风几万里，吹度玉门关。
汉下白登道，胡窥青海湾。
由来征战地，不见有人还。
戍客望边色，思归多苦颜。
高楼当此夜，叹息未应闲。

五百里滇池美如画

滇池美景

在我国西南部的云南省，有一条盘龙江，注入一座形似一弯新月的瑰丽的淡水湖泊，它就是滇池，古名滇南

滇池

图说

滇池是云南省最大的淡水湖，素有高原明珠之称。湖面海拔1886米，南北长39公里，东西最宽为13公里，面积330平方公里，被称为“五百里滇池”。

泽，也被称为昆明湖或昆明池。滇池风光秀丽，碧波万顷，风帆点点，湖光山色，令人陶醉。

湖滨土地肥沃，气候温和，水源充沛，有利于灌溉和航行。昆明坝子盛产稻米、小麦、蚕豆、玉米、油料等作物，是云南著名的“鱼米之乡”。

滇池名称的由来

滇池名称的由来主要有三种说法。一是从地形上来看，湖水的上流很宽阔，下流却很浅狭，好像颠倒了一样，所以被称作滇（颠）池。另一种说法是有人认为是同音字的缘故，“滇”通山巅的“巅”，因为它地处高原地区，就好像在山巅的池子一样。还有人说，是因为战国的时候，楚国的武将庄桥带领部队来到这里，换上了当地人的衣服，遵守这里的习俗建立了古滇国，所以才叫滇池。三种说法都有一定的道理，至于到底哪一种说法更准确，还有待考古学家和历史学家的研究。

延伸思考

你认为哪个才是滇池名称的由来呢？为什么？

滇池石碑

滇池的传说

关于滇池的传说，民间众说纷纭，而流传最广的，莫过于一个关于爱的美丽传说。

相传很久很久以前，原本没有滇池。人们经常担心天不下雨，导致庄稼受到旱灾。那样老百姓可就吃不上饭了。

有一年昆明这里干旱了很长的时间，无论百姓怎么祈求老天爷，老天就是舍不得降落一滴雨。百姓的生活艰难极了。有一对相敬如宾的夫妻，他们刚刚生了一个孩子。为了消除这场没有雨的灾难，让孩子和乡亲们活下去，于是，在妻子生下孩子不久，丈夫便决定寻找可以运来水的法子。他开始了这场漫长的寻水之旅。

他走啊走啊，一直走到了东海，发现东海无边无际，

黄龙吐水雕像

有取之不尽用之不竭的水。但是，怎样才能把水运回老家呢？这个问题彻底难住了他。正在他为如何将水运到昆明而苦恼时，看到一只老鹰突然从岸边叼起一条小红鱼。眼看小鱼就要葬身鹰腹，年轻人弯弓搭箭，一下射中了老鹰，小红鱼得救了。

没想到小红鱼落到水里竟然变成了一条龙。原来，年轻人救的不是一条普通的小红鱼，他救的是龙王的三公主。龙王知道了这件事，便想把他留在这里，把自己的三女儿嫁给他。但年轻人不同意，说："我已经有妻子了，而且我还有很重要的事要办。乡亲们都等着我运水回去呢。"龙王听后大为不悦，用计将他变成了一条小黄龙，强留了下来。公主很难过，但是也没有办法，只能偷偷地教他降雨的法术。

终于有一天，龙宫里开宴会，所有的人都喝得酩酊大醉。小黄龙觉得这是一个好机会，就深吸了一肚子东海的水，飞回了云南。在一个地势低洼的地方，将肚子里的水全部吐出来。吐出的东海海水浩浩荡荡，汇成了今天的滇池，有了滇池的水，万物便有了生机，昆明因此变得富饶而美丽。

这时，他想着赶紧回家见妻子。可是没想到"天上一天，地上一年"，人间已经过去很多年了。他的妻子在家苦苦等他，最后流干眼泪死去了，变成了一座"睡美人"山。年轻人也非常伤心，一头撞到山上自尽了，变成了今天的"蛇山"。于是，这两座山就共同守护着滇池这颗美丽的明珠。后来的人们因为滇池的存在，再也不用担心没有水来灌溉他们的农作物，终于可以幸福快乐地生活在这里了。

延伸思考

这个故事给我了我们什么启示?

云南大观楼

图说

康熙二十九年（1690年），巡抚王继文督建该楼，并在其旁建了涌月亭、澄碧堂、催耕馆、观稼堂等建筑。因登楼而视野大开，景致壮观，故名“大观楼”。乾隆年间，孙髯翁为其撰写一百八十字长联，被誉为“天下第一长联”，由名士陆树堂书写刊刻，毛泽东评价其“从古未有，别创一格”，大观楼因长联而成为与黄鹤楼、岳阳楼、鹳雀楼齐名的中国四大名楼。大观楼公园，距昆明6公里，面临滇池，与苍翠起伏的太华山峰隔水相望，故又称“近华浦”，是滇中闻名的旅游胜地。

诗文链接

滇中词三首（其一）

明·范汭

秀海海边葭菼秋，滇池池上云悠悠。
人心恰似此中水，一道南流一北流。

火山口的明珠

天池

在白雪皑皑的长白山顶上，坐落着一座碧绿璀璨的湖泊——天池。长白山是一座长期休眠的活火山，远古时候经过多次的喷发，使山顶形成了一个凹陷，涌出的泉水使火山口积水而形成了一个湖泊。

延伸思考

你去过美丽的天池吗？你心中的天池美在哪里？

神秘的天池终年云雾缭绕，水面波光粼粼，周围群山环抱，显得神秘且壮观。天池湖水清澈碧透，一平如镜。周围16座奇异峻峭的山峰临池耸立，倒映湖中，波光峦影，蔚为壮观。天池上空，流云急雾变幻莫测，时而云雾飘逸，细雨蒙蒙，“一片汪洋都不见”；时而云收雾敛，天朗气清，绘出了“水光潋滟晴方好，山色空蒙雨亦奇”的绝妙天池景观。天池孤悬天际，没有入水口，只有出水口，池水终年流淌不息，让人备感神秘。

天池

图说

天池是一个椭圆形的湖泊，它的面积有9.82平方千米，水位最深处达到373米。天池是中国最大的火山湖，也是世界上最深的高山湖泊。它像一块瑰丽的绿宝石镶嵌在雄伟的长白山群峰之中。

天池水怪的传说

天池自古以来也被民间称为“龙潭”。有人说它的下面通着海眼，也就是跟大海相连的意思，所以湖里经常有蛟龙出没。《奉天通志》《长白山志〈长白山江岗志略〉》《长白汇征录》等著作，都有对天池怪兽的记载。清朝光绪年间的史书里记述：“自天池中有一怪物覆出水面，金黄色，头大如盆，方顶有角，长项多须，猎人以为是龙。”

水怪长什么样

天池水怪到底长什么样呢？很多人有不同的说法。有的人形容它头上有角，长脖子有龙须，是一条蛟龙；有的人说它头大像牛，体形像狗，长着一张鸭子嘴；甚至还有说像狗熊和恐龙的，一时众说纷纭。

为了深入探讨和研究长白山天池怪兽，长白山自然保护区管理局还建立了一座“天池怪兽”展览室，把历史上关于天池水怪的所有记录都整理了出来，供人们参观。

长白山天池水怪

长白山天池怪兽研究协会的研究人员大致归纳了天池怪兽的几个特征。

其一，怪兽呈鱼形，身长约两米左右，背部和两侧有鳍，黑色，游起来速度很快。

其二，怪兽体形巨大，七八米长，棕黑色，体形似牛。

其三，无论是哪一种怪兽，出没都是有规律可循的，最常出现的时间是8月中旬，尤其是雨后天空刚刚放晴时。

成语

光怪陆离

光怪，光彩和形状奇异；陆离，色彩繁杂的样子。形容形态奇怪，色彩繁杂。也形容事物离奇多变。

目击水怪

古今中外，有许多人都看到了天池水怪的出现。天池水怪成了可以媲美百慕大三角、不明飞行物及尼斯湖怪兽

长白山天池水怪

的世界之谜，被传得沸沸扬扬、神乎其神，留下了许多悬念，令人费解。

自20世纪60年代以来，发现的怪兽次数和记载越来越多。《长白山志》记载了1962年8月中旬，吉林省气象器材供应站的周风瀛用六倍双筒望远镜发现天池东北角距岸边二三百米的水面上，浮出两个动物的头，前后相距二三百米，互相追逐游动，时而沉入水中，时而浮出水面。有狗头大小，黑褐色，身后留下人字形波纹。一个多小时后，此物潜入水中。

1976年8月，一群北京来的旅游者坐在天池旁边的空地上野餐。突然，一个姑娘发出一声惊叫："你们看，有水怪！"众人都惊讶地回头看，只见一头毛色黝黑、长得好像棕熊一般的不知名的生物，正趴在天池边的一块大石头后边，偷窥着他们这群不速之客。它听见惊叫声，猛地一蹿，扑通一声，就跳进水里了。一瞬间水怪就逃得无影无踪了，只留下一条人字形的波纹。

近几年对怪兽的各种宣传和报道越来越多，每次天池怪兽被发现的消息一经传出，便会引起举世瞩目。

2005年7月25日下午2点左右，在长白山西坡山顶有一些游客目睹了天池水怪。目击怪兽的人描述说，当时水怪出现在朝鲜一侧的水面，离岸边大约一百多米远。只见它蹿上来又下去，就像海豹戏水那样，给人的第一感觉是鱼在飞跃。从望远镜里看，样子黑黢黢的，不是很大，看不清是什么东西，有的说它像恐龙，有的说像大铁锅，有的说像水牛，但绝对不是鱼。它在水中游弋了十多分钟后消失，当时在山上的一二百名游客全都看到了。

像这种目击到水怪的故事还有很多，但是目前拍到天池怪兽的照片却只有一张。1981年9月21日，《新观察》杂志社记者，用长焦距镜头拍到了“怪兽”，它和一只乌鸦被一起拍到镜头当中，对比起来显得水怪非常巨大。

成语

无影无踪

一点影子、一点踪迹也没有了。形容消失得干干净净。

诗文链接

梦太白西峰

唐·常建

梦寐升九崖，杳霭逢元君。
遗我太白峰，寥寥辞垢氛。
结宇在星汉，宴林闭氤氲。
檐楹覆余翠，巾舄生片云。
时往溪谷间，孤亭昼仍曛。
松峰引天影，石濑清霞文。
恬目缓舟趣，霁心投鸟群。
春风又摇棹，潭岛花纷纷。

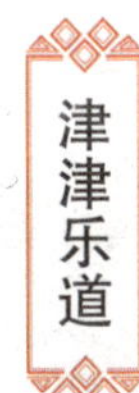

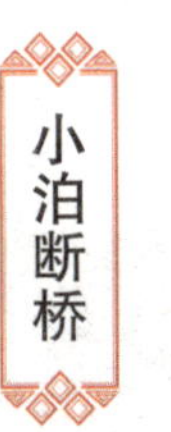

伞下乾坤一片天

西湖

人们常说“上有天堂，下有苏杭”。早在两千多年前，秦始皇统一天下的时候，就有杭州了，古称钱塘县。这里山清水秀，气候宜人，是一座风景如画的城市。而在杭州城边，有一座美丽的湖泊，叫做西湖。

西湖

图说

西湖被孤山、白堤、苏堤、杨公堤分隔，按面积大小分别为外西湖、西里湖、北里湖、小南湖及岳湖等五片水面。苏堤、白堤越过湖面，小瀛洲、湖心亭、阮公墩三个人工小岛鼎立于外西湖湖心，夕照山的雷峰塔与宝石山的保俶塔隔湖相映，由此形成了“一山、二塔、三岛、三堤、五湖”的格局。

延伸思考

你对西湖有什么印象？

白娘子的传说

西湖十景中的“断桥残雪”，有一个广为流传的美丽传说就发生在这里。相传这里是《白蛇传》中，白素贞与许仙邂逅的地方，因而在西湖诸桥中最享盛名。

在很久很久以前，有一条小白蛇出生在四川青城山上。它的心地十分善良，想通过刻苦的修炼来成仙。可是有一天，它突然被一个以捕蛇为生的老人抓住了。捕蛇人要杀了它取蛇胆。正当小白蛇以为它必死无疑的时候，正好有一个牧童路过，觉得这样太残忍了。于是就恳求捕蛇人把蛇放了。趁捕蛇人一不留神，小白蛇逃走了。它暗自下定决心，以后一定要报答牧童的救命之恩。

转眼间一千多年过去了，小白蛇已经修炼得道，变身成为了一个位美丽的女子，自称白素贞，也就是大家常说的白娘子。她倾国倾城赛天仙，天性善良菩萨心肠，而且法术高强。为了报答牧童的救命之恩，她下山四处寻找。后遇到青蛇精化身的小青，于是两人结伴游历天下。

这一天原本风和日丽，她们来到了西湖边的断桥欣赏美景。没想到天空突然开始淅淅沥沥下起了雨。此时白娘子忽然看见不远处有一个白面书生，举着一把油纸伞，走了过来。她欣喜万分，因为这个书生不是别人，正是当年的牧童转世。白娘子和小青走上前去，对书生说：“这位

许仙与白娘子邮票

公子，我姐妹二人来西湖游玩，不巧遇上天降大雨，可以把伞借给我们吗？”

这位书生叫做许仙，他见到美丽白娘子也是怦然心动，又觉得有一种似曾相识的感觉，于是就把伞借给了白娘子。白娘子为报许仙千年之前的救命之恩，再加上确实

西湖“断桥”

图说

西湖断桥位于杭州北里湖和外西湖的分水点上，一端跨着北山路，另一端接通白堤。在西湖古今诸多大小桥梁中，它的名气最大。断桥之名得于唐朝。其名由来，一说孤山之路到此而断，故名“断桥”；一说段家桥简称段桥，谐音为断桥；中国民间爱情传说《白蛇传》的故事发生于此。现存断桥是1941年改建，20世纪50年代又经修饰。桥的东北有碑亭，内立“断桥残雪”碑。

喜欢许仙，便和他结为了夫妻。

结婚之后他们去镇江开了一间药店，白娘子也经常偷偷施法给老百姓治病，深受百姓的爱戴。生病的老百姓都被白娘子治好了，去附近金山寺烧香祛病的人就少了。金山寺的大和尚法海就很生气，下山来看到底发生了什么事。这一下就发现了白娘子不是凡人。

延伸思考

你认为法海为什么要抓白娘子？许仙和白娘子的爱情故事给了我们什么启示？

因为嫉妒白娘子，法海就找到许仙，说白娘子是蛇妖，想离间他们夫妻。许仙一开始怎么也不相信。直到法海出了个主意，在端午节的时候骗白娘子喝下了雄黄酒，白娘子不得不现出了原形，却不小心把许仙吓死了。

伤心欲绝的白娘子为了救许仙，上仙山盗取仙草灵芝把许仙救活。可法海又找到活过来的许仙挑拨离间，说："你也看到了，你的娘子是蛇精，你已经被她害死一次了，还不觉悟吗？只有跟我回去修习佛法才能救你啊！"于是，听信了法海挑拨的许仙，被骗到金山寺关了起来。

雷峰塔原貌

白娘子和小青为了救回许仙也来到金山寺。可法海拒不交出许仙，两方就斗起法来。争斗中他们的法术卷起了巨浪，把金山寺都淹没了。但可惜的是，白娘子因为怀了身孕，没有打过法海，终于被制服了。她在生下孩子后被法海镇压在雷峰塔下。直到十九年后，白素贞的儿子许仕林长大中了状元。他祈求上天放了自己的母亲。许仕林的诚意感动了上天，雷峰塔倒塌了，于是，白娘子被释放了，他们全家才终于得以团聚。

延伸思考

你觉得雷峰塔为什么会倒塌？

雷峰塔原名皇（黄）妃塔，又名黄皮塔，之所以叫雷峰塔，则是因为塔建于西湖南岸夕照山的雷峰之上。于是，慢慢地被大家叫做了雷峰塔。

诗文链接

钱塘湖春行

唐·白居易

孤山寺北贾亭西，水面初平云脚低。
几处早莺争暖树，谁家新燕啄春泥。
乱花渐欲迷人眼，浅草才能没马蹄。
最爱湖东行不足，绿杨阴里白沙堤。

高山青　涧水蓝

中国台湾“日月潭”

在我国的东南部，有一座宝岛——台湾。它形似纺锤，山势巍峨，群峰挺秀，素有“海上粮仓”“森林宝库”“东方甜岛”等许许多多的美称，也是我国最大的岛屿。

日月潭位于台湾岛中部南投县，旧称水沙连、龙湖、水社大湖、珠潭、双潭，亦名水里社，是台湾名胜八景之一。这座天然湖泊周长35千米，整个水面有9平方千米，水有30多米深，四周青山环抱，树木苍郁，山峦重叠，湖光山色，日月倒影，一派诗情画意。

日月潭的传说

传说当年大禹治水成功是因为得到了天上神龙的帮助。但当洪水退去后，其中的一对神龙不想那么快回到天庭。于是，这对神龙偷偷飞到日月潭上空。当它们飞到日

宝岛台湾风景

月潭上空的时候，看到这里山清水秀，便在这里玩耍了起来。

不久，两条神龙精疲力竭，肚子也饿得咕咕响。怎么办呢？雌龙心烦意乱地看了雄龙一眼，发现雄龙正目不转睛地盯着太阳看，眼中闪着贪婪的光。突然，雄龙飞身过去，一口吞掉即将落山的太阳。

这时，一轮圆月也升了起来，雌龙死死盯住了洁白如玉的月亮也跃上云层，一口吞掉刚刚升起的月亮。天空中霎时漆黑一片，两条恶龙吃饱了，就沉到了潭底。这对恶龙在潭里游来游去，把太阳和月亮一吐一吞，一碰一击的，像玩大珠球。它们只图自己好玩，却没想到人世间没有了太阳和月亮，分不清白天和黑夜，树木枯萎了，鸟儿不叫了，稻田里快成熟的稻穗也干瘪了，家家户户的粮食吃光了，牛羊快饿死了，日子眼看过不下去了。

这时我们的宝岛台湾住着一对青年夫妇。男的非常勇敢，叫大尖哥；女的十分美丽，叫水社。夫妻俩靠捕鱼为生，过着幸福快乐的日子。一天中午，当夫妻俩正在河里捕鱼时，忽然，传来“轰隆”一声巨响，大地开始不停地晃动，四周随即笼罩在了一片黑暗之中。不一会儿，四周安静下来，夫妻俩这才发现，天上的太阳不见了。到了晚上，夫妻俩借着月光在河里捕鱼。这次，他们又听见“轰隆”一声巨响，周围的一切开始不停地摇晃，这一摇啊，天上的月亮也不见了。很快，庄稼都枯萎了，鸟儿也不再歌唱，花儿不再欢笑。大尖哥和水社都很难过，于是他们决心找回太阳和月亮。

大尖哥和水社不停地走呀走，翻过了一座座高山峻岭，渡过了一条条大江大河。他们历尽千辛万苦，终于来到了一处忽明忽暗的深潭边。他们问路边的一个老爷爷：“老爷爷，前面大潭里一亮一亮的，是太阳和月亮吗？”

“是的，潭里有两条恶龙，把太阳和月亮当成玩具，不断地吞进去吐出来。它们只顾自己好玩，却不顾千千万万的人没有太阳和月亮，日子过不下去！”老爷爷说。

“老爷爷，我们就是来找太阳和月亮的，但是怎么才能打败恶龙呢？”

老爷爷说：“它们最怕埋在阿里山底下的金斧头和金剪刀，只要找到这两样宝物，就可以杀死恶龙啊！”

他们又翻山越岭，披荆斩棘，来到了阿里山。在一个

夫妻斗恶龙

山洞里夫妻俩拿着锄头，奋力地在地上挖啊挖，不久，地上被他们挖出了一个大洞，金剪刀和金斧头出现在了洞底。夫妻俩高兴极了，拿着金剪刀和金斧头来到了深潭边。他们把金剪刀和金斧头扔进了潭里。不一会儿，水里溅起巨大的浪花，两条恶龙冲出了水面，只见它们的喉咙上各有一道又大又深的口子，鲜血不停地从里面冒出来。恶龙痛苦地挣扎了一会儿，便“轰”的一声倒下死掉了。太阳和月亮则从它们的口里滚落了出来。

两条恶龙终于被杀死了，可是，太阳和月亮依然浮在水面，并没有升上天，到底怎样才能把它们送回去呢？

他们听人说，只要吃了龙肉就会变得力大无穷。于是，大尖哥摘下公龙的眼珠，一口吞下肚；水社姐摘下母龙的眼珠，也一口吞下肚。他们越长越高，变成了像两座高山一样高大的巨人。大尖哥用劲儿把太阳抛起来，水社姐就拔起潭边的棕榈树向上托着太阳，把太阳顶上天空。接着水社姐用劲儿把月亮抛上了天空，大尖哥也用棕榈树把月亮顶上天空。太阳和月亮就又高挂在天上了。

刹那间，光耀大地，万物复苏。草木活了，树上的鸟儿又歌唱了，田野里稻谷又结穗了，人们欢呼雀跃。而大尖哥和水社姐从此变成了两座雄伟的大山，永远矗立在潭边。后来，人们就把这个大潭叫作日月潭。

直到现在，每年秋天仍然可以看到人们穿着美丽的服装，拿起竹竿和彩球来到日月潭边玩托球舞，学着大尖哥和水社姐的样子，把彩球抛向天空，然后用竹竿顶着不让它落下来，模仿大尖哥、水社把日月送回天上的情景，以此来纪念他们。

延伸思考

你从大尖水社斗恶龙的故事里学到了什么？

“日潭”和“月潭”的分界“拉鲁岛”

日月潭

清·曾作霖

山中有水水中山，
山自凌空水自闲。
谁划玻璃分色界？
倒垂金碧浸烟鬟。

中国共产党的诞生之地

嘉兴南湖

南湖，位于浙江省嘉兴市。与杭州西湖、绍兴东湖一起并称为浙江三大名湖，坐落于嘉兴以南，有东西两湖，形状好像鸳鸯交颈，所以有“鸳鸯湖”的雅称。南湖以其朴素、醇厚的江南水乡风情为历代文人雅士所赞誉，它天然本色、秀资天成，自有一番得天独厚的动人气韵。风光旖旎的南湖，四季宜人。

连宋代大诗人苏东坡，也曾三次路过嘉兴南湖，留下了“闻道南湖曲，芙蓉似锦张。如何一夜雨，空见水茫茫”的诗句。

近代，这里还见证了伟大的中国共产党的诞生。

中国共产党诞生的萌芽

从1920年开始，随着马克思主义在中国的传播，我国的工人运动开始蓬勃地发展。在北京、上海、武汉、长沙、济南、广州，中国共产党的早期组织相继诞生了。这时候，就迫切地需要召开一次全国性质的大会，来探讨中国共产党今后的发展方向。

中国共产党的萌芽是如何产生的?

1921年6月3日，共产国际代表马林和尼科尔斯来到上海汇合了。他们和在上海组织党的工作的李达、李汉俊取得了联系，建议他们召开党的代表大会，宣告中国共产党的正式成立。

于是，李达、李汉俊在征询陈独秀、李大钊的意见并获得同意后，写信邀请各地党组织分别派出两位代表，到上海出席党的第一次全国代表大会。收到信后，各地的共产党人都非常激动，踊跃参与，共产党的代表们纷纷朝着上海赶来。

7月中下旬，设在法租界白尔路389号（今太仓路127号）的博文女校，住进了一个北京大学师生暑期考察团。

表面上看团员都是教师、学生模样的青年人，丝毫不引人注意。但实际上，他们就是来参加第一次共产党全国代表大会的代表们。

成语

争先恐后

争着向前，唯恐落后。

南湖画舫上的伟大会议

这一天天气有些阴沉，不久还下起了蒙蒙细雨，嘉兴南湖上的游人稀稀落落，秀丽的南湖显得格外清静、优雅。上午11点左右，一艘画舫静静地漂在嘉兴南湖的水面上。没有人能想到，一个改变历史进程的伟大事件正在发生。

伟大的中国共产党的第一次代表大会正在这里召开，

南湖画舫

一共有12个人出席。他们是：上海小组的李达、李汉俊，武汉小组的董必武、陈潭秋，长沙小组的毛泽东、何叔衡，济南小组的王尽美、邓恩铭，北京小组的张国焘、刘仁静，广州小组的陈公博，旅日小组的周佛海。参加会议的还有受陈独秀个人委派的包惠僧。他们代表了当时全中国的50多名党员。当时，对中国共产党的创立做出了

上海法租界望志路106号

图说

1921年7月23日晚，中共“一大”在上海法租界望志路106号正式开幕。当年这里是望志路106号，1943年至今是兴业路76号。由“望志”而“兴业”，是历史的巧合，也喻意着历史的必然。中共“一大”会址是石库门楼房，建于1920年秋，当时为出席中共“一大”会议的上海代表李汉俊及其胞兄李书诚的寓所。1952年9月，中共“一大”会址修复建立纪念馆并对外开放。1961年3月，国务院公布中共“一大”会址为全国重点文物保护单位。

重要贡献的李大钊、陈独秀因各在北京和广州，工作脱不开身而没有出席大会。共产国际派马林和赤色职工国际代表尼科尔斯基出席了会议。

为什么共产党的代表大会会在一艘游船上召开呢?

因为当时中国共产党处于刚刚成立的阶段，党员开会和联络都需要秘密进行。

原来的大会并不是在这里召开的。

让我们把时间倒回到一个星期前，地点是上海法租界望志路106号。

这一天的晚上，中国共产党第一次全国代表大会就在李书城、李汉俊兄弟的家里开幕了。大家安静地围坐在客厅的长餐桌四周倾听着两位共产国际代表的讲话。他们指出：中国共产党的成立具有重大的世界意义，共产国际又增添了新的力量。

之后会议正式进行了好几天，大家各抒已见，讨论非常热烈。但到了7月30日晚上，意外发生了。正在举行第六次会议的时候，突然响起了急促的敲门声。一个不速之客打断了会议。可这个人进屋看了一圈，说“我找错了地方”，就转身走了。其实闯进来的是法租界巡捕房的探长程子卿。原来共产国际的马林在来中国的途中就被盯上了。

延伸思考

共产党员们的什么精神值得我们学习?

大家稍微放松了下来，但马林有着多年秘密工作的经验，他说：“这个地方已经暴露了，这个人可能是密探，我们需要赶快转移。”

代表们听从了马林的建议，迅速离开了会场。果然，十几分钟后两辆警车包围了会场，结果扑了空。

经过这次冲击，大会被迫中断了。大家商量之后怎么办。有人提议到杭州开会，但有人怕杭州过于繁华，容易暴露目标。恰巧上海代表李达的夫人王会悟也在现场，她说："不如到我的家乡嘉兴南湖开会，离上海很近，又易于隐蔽。"大家都觉得这个主意很好，于是第二天清晨，代表们分两批坐火车去了嘉兴。最后，大会就在南湖画舫上圆满结束了。

在这条红船上，会议通过了中国共产党的第一个纲领和决议，并选举了党的中央局领导机构，宣告了中国共产党正式登上了历史舞台，犹如一轮红日在东方冉冉升起，照亮了中国革命的前程。

成语

蒸蒸日上

蒸蒸：上升、兴盛的样子。形容事业等日益兴旺发达，不断向上。

游嘉兴南湖

佚名

南湖一叶舟，志士共筹谋。
砸碎旧朝代，镰刀与斧头。
南湖一盏灯，长夜启明星。
指引神州路，江山旭日迎。

清清沈水唤浑河

沈阳浑河

浑河古称沈水，又称小辽河。历史上曾经是辽河最大的支流，现为独立入海的河流，同时也是辽宁省水资源最丰富的内河。流域范围在辽宁省中东部，源于辽宁省抚顺市清原县滚马岭，流经辽宁省多个市，最后汇入辽东湾，全长415千米。

国际一流的赛艇运动水域

水以其深厚的文化底蕴滋润着人们的心灵,对水的认识和感悟,能使我们茅塞顿开、豁然开朗、心旷神怡。生命之初，人类的运动便与水有着不解之缘，从而诞生了各种基于水的体育运动。浑河水上运动基地阳光和煦、碧水蓝天，赛艇、皮艇、划艇、摩托艇、冲锋艇齐齐叠放在岸边，或悠然自得，或蓄势待发，在这片平缓没有暗流的公开水域里，亦静亦动的水面无论运动、休闲，还是观水、

浑河源

赏景，都别有一番情致，让人不由想亲近这自然之水、生命之水。

在我们的印象中，赛艇、皮艇、划艇作为奥运会项目并不陌生，很多人看过，也听说过，但体验过的人却少之又少。在浑河的这片水域上，摩托艇、皮艇、划艇、赛艇等水上运动非常流行，游船、游艇项目开展得如火如荼，一种新的运动方式、生活消费方式正在崛起。浑河是一个封闭安全、交通便利、气候适宜、得天独厚的国际一流水上运动场。

浑河水域条件优越的原因，第一是气候条件优越，对于赛艇运动来说，夏季酷热的南方根本比不了凉爽舒适的沈阳；第二是这片水域位于中心城市的中心城区，无论开

浑河三好桥夜景

展什么运动，中心城区对人群的影响力都至关重要。

浑河水域没有渔船，也不是主航道，水流速特别适中，在我国同样纬度的地区没有这么好的水面。

浑河静静地流淌在千年古城沈阳的怀抱中，它的自然条件与城市的人文基础交相辉映，必将流向下一个美好的未来。

成语

溯本求源

溯，追寻；求，探索。追寻根本，探求源头。比喻寻根究底。

浑河名称的由来

浑河是一条碧波荡漾、河水清清的大河，为什么被冠以浑河这个名字呢?

在浑河源，有一块“探源浑河”的碑刻，字迹有些斑驳的碑刻上面，用一个传说来解释浑河的命名。传说当年努尔哈赤自立为王，明朝派大将李成梁带兵20万前来讨伐。实力不如明军的努尔哈赤急中生智，命令全体军士及沿河老百姓，把马粪全运到河里，顷刻间，这条清澈见底的大河被搅得沉沙泛起，浑水浩荡，既有马尿又漂有马粪，成了一条名副其实的浑河。处于下游的李成梁看到河水浑浊，又是马尿又是马粪，以为努尔哈赤兵力强盛，不敢贸然出击，只得撤军。努尔哈赤得知此消息说：“我们把河水搅浑，才能把明军吓跑，此功归‘浑河’也。”从此，“浑河”的名字流传沿用至今。这个故事能够被镌刻

清太祖爱新觉罗·努尔哈赤

图说

清太祖爱新觉罗·努尔哈赤（1559—1626），清王朝的奠基者，通满语和汉语，喜读《三国演义》。25岁时起兵统一女真各部。明神宗万历四十四年，建立后金，割据辽东，建元天命。萨尔浒之役后，迁都沈阳。之后席卷辽东，攻下明朝在辽七十余城。

在浑河源头，足见其流传广泛。

但是传说往往并不真实，这个传说虽然流传广泛，但毕竟还是民间故事，并不是历史事实。根据文献的记载，在明朝初年，这条河就被称作“浑河”，而努尔哈赤的传说在明末，显然不是真实的。

那么，为什么这条河被称为浑河呢？主要原因是因为浑河上游的落差大，水流急造成的。浑河源头的滚马岭地区海拔700多米，而当浑河流到抚顺时，海拔只有100米了。两者之间的落差高达600多米，而且浑河上游山势险峻，特别是丰水季节，河水往往携带泥沙，非常浑浊，因此才有了浑河之名。

延伸思考

浑河是辽宁沈阳的母亲河，你对于沈阳还有哪些了解？

浑河源风景区

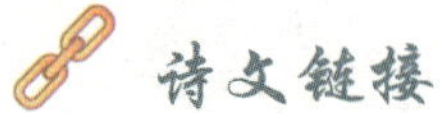

诗文链接

浑河叹

当代·何建军

盛京盘玉带，锁阳卧蛟龙。
弛泻三千里，波涛碧无穷。
断岸扬柳翠，滩头多芦蓬。
鹭飞鸭嬉戏，轻舟尤自横。
清祖发祥地，天柱山排青。
花泊观莲现，皇寺又鸣钟。
柳塘避暑地，夕阳晚渡晴。
呕沥润万物，镰斧奏凯声。

黄金水道长江

长江

“滚滚长江东逝水，浪花淘尽英雄。”这句歌词歌颂的是中国的第一长河，也是世界的第三长河——长江。它发源于“世界屋脊”——青藏高原的唐古拉山脉。在世界上的大河中，它的长度仅次于非洲的尼罗河和南美洲的亚马逊河，居世界第三位。但尼罗河流域跨非洲9国，亚马逊河流域跨南美洲7国，而长江却是只属于我们中国的内河。

长江自西向东横穿了整个中国的中部。流域面积达180万平方千米，大概占到了中国陆地总面积的20%。根据我国的水文和地貌的特点，长江可以分为三大段。青海格拉丹冬到宜昌以上是上游，长4504千米，流域面积100万平方千米。湖北宜昌到江西湖口是中游，长955千米，流域面积68万平方千米。湖口一直到上海出海口为下游，长938千米，流域面积12万平方千米。

延伸思考

长江在你心目中是什么样子的？

红军巧渡金沙江

在奔腾不息的长江上，曾经发生过无数的故事。话说在长江的上游有一段叫做金沙江。它位于川滇边界的深山狭谷之中，江面宽阔，水急浪大。有一次，红军在长征的

红军巧渡金沙江油画

路上经过这里。如果红军过不去，就有被敌人压进深山狭谷，遭致全军覆灭的危险。

为了巧渡金沙江，红军在此战前威逼昆明，迫使敌人调回部分兵力，使防守金沙江的兵力和滇北兵力减少，为红军渡过金沙江创造了有利条件。但是敌人也不是没有防备，1935年4月28日，蒋介石下达命令，控制渡口，毁船封江。就在红军进抵金沙江前夕，江边的敌人已将所有船只放到北岸了。

延伸思考

从红军巧渡金沙江的故事里你学到了什么？

然而，红军的智慧和勇气是无穷的。1935年5月3日，军委干部团的同志们接受了抢夺皎平渡的任务。他们二话不说，翻山越岭180里，当天夜晚就来到了金沙江边。在渡口，他们幸运地找到了一条船。原来这条船是送探子来南岸探查情况的，探子不知跑到哪里去了。后来，他们又在当地农民的协助下，从水里捞出了一条破船，修好了它。然后，他们乘坐这两条船悄悄地渡到北岸。伪装成敌人的探子，给他们来了个突然袭击，一举消灭了一连正规军和一个保安队，控制了两岸的渡口。后来，红军又找到了五条船。

从1935年5月3日至9日，在7天7夜的时间里，红军主力就靠这7只小船从容地过了江。等敌人的追兵赶到，红军早已走得无影无踪了。

毛主席在长征成功后，喜悦地写下了《七律·长征》这首诗，来赞扬红军的无畏精神。

“金沙水拍云崖暖，大渡桥横铁索寒。”这两句写水，既是实写红军长征途中抢渡金沙江、飞夺泸定桥的两次战斗，又是虚写红军长征途中跋涉的无数道急流险滩。红军巧渡金沙江在长征史上有着重要的意义。粉碎了国民党反动派梦想利用这一天险围歼红军的阴谋，为革命保存了珍贵的火种。

长江三峡

延伸思考

你去过秀美的三峡吗？

在长江上有一个举世闻名的地标，叫做三峡。三峡之所以叫三峡，是因为它其实是瞿塘峡、巫峡和西陵峡三段峡谷的总称。它西起四川的白帝城，东到湖北宜昌的南津关，全长193千米。长江三峡是中国十大风景名胜之一，是长江上最为奇秀壮丽的山水画廊，这里两岸高峰夹峙，江面狭窄曲折，江中滩礁棋布，水流汹涌湍急。北魏时期的中国地理学家郦道元，在他的地理名著《水经注》中这样介绍三峡：“自三峡七百里中，两

美丽的三峡

岸连山，略无阙处。重岩叠嶂，隐天蔽日。自非亭午夜分，不见曦月。至于夏水襄陵，沿溯阻绝。或王命急宣，有时朝发白帝，暮到江陵，其间千二百里，虽乘奔御风，不以疾也。春冬之时，则素湍绿潭，回清倒影。绝巘多生怪柏，悬泉瀑布，飞漱其间。清荣峻茂，良多趣味。每至

三峡大坝

图说

三峡工程全称为长江三峡水利枢纽工程。三峡工程建筑由大坝、水电站厂房和通航建筑物三大部分组成。它是迄今为止世界上最大的水利枢纽工程，具有防洪、发电、航运、供水等综合效益。三峡工程分三期，总工期18年，2006年已全面完成了大坝的施工建设。

晴初霜旦，林寒涧肃，常有高猿长啸，属引凄异，空谷传响，哀转久绝。故渔者歌曰：‘巴东三峡巫峡长，猿鸣三声泪沾裳！’”郦道元把峡区风光的雄奇秀逸描绘得淋漓尽致。

长江三峡人杰地灵，这里曾经是三国古战场，是无数古代的英雄豪杰征战的地方。这儿有许多名胜古迹，例如白帝城、黄陵、南津关、孙夫人庙等。它们同旖旎的山水风光交相辉映，名扬四海。长江三峡也是世界大峡谷之一，以壮丽河山的天然胜景闻名中外。

延伸思考

三峡工程对人们的生活有什么积极的作用？

成语

人杰地灵

杰：杰出；灵：灵秀。人物俊杰，地方灵秀。也指杰出人物出生或到过的地方成为名胜之区。也指灵秀之地出杰出人物。

诗文链接

七律·长征

当代·毛泽东

红军不怕远征难，万水千山只等闲。
五岭逶迤腾细浪，乌蒙磅礴走泥丸。
金沙水拍云崖暖，大渡桥横铁索寒。
更喜岷山千里雪，三军过后尽开颜。

黄河之水哪里来

黄河

黄河，被称为中国的“母亲河”，它孕育了我们伟大的华夏文明。它全长约5464千米，流域面积约752443平方千米。它是世界第五大长河，也是中国第二长河。唐代诗仙李白说："黄河之水天上来。"真是这样吗？其实，黄河发源于青海省青藏高原的巴颜喀拉山脉查哈西拉山的扎曲，北麓的卡日曲，和星宿海西的约古宗列曲，是呈"几"字形流淌下来的。它自西向东流经9个省（自治区），最后流入了渤海。由于河流中段流经黄土高原，因此夹带了大量的泥沙，所以它也被称为世界上含沙量最多的河流。黄河每年都会生产十六亿吨泥沙，其中有四亿吨长年留在了黄河下游，形成冲积平原，让两岸成为了适合农民耕种的乐土。

小浪底水利枢纽

图说

小浪底水利枢纽位于河南省洛阳市孟津县与济源市之间，三门峡水利枢纽下游130公里、河南省洛阳市以北40公里的黄河干流上，控制流域面积69.4万平方公里，占黄河流域面积的92.3%。

黄河上的大坝

在奔腾的黄河之上，我们的国家建立了两个非常有名的水利枢纽工程。一个是三门峡水利枢纽，位于黄河中游下段干流上，在河南省三门峡市东北约17千米的地方。另一个是小浪底水利枢纽，位于河南省洛阳市以北40千米的黄河干流上，流域面积有694155平方千米。这两座黄河上的大坝不但气势恢弘，也担负着调节黄河周围环境的作用，它们使黄河的水土流失减少了，洪水灾害也少了很多。

大禹治水的传说

传说古时候黄河泛滥，老百姓民不聊生。于是，大禹就想办法去治理黄河，但是又不知道从哪里入手。后来他听说黄河里有个河神叫河伯，他有黄河的水情图，称为河图，可以帮助大禹治水，于是就出发去找河伯。

河伯本来也是一个普通人，叫做冯夷。大禹治理黄河之前，黄河流到中原，没有固定的河道，到处漫流，经常泛滥成灾。地面上七股八道，沟沟汊汊全是黄河水。冯夷想当神仙，听说喝了一百棵水仙花的花露就可以成仙。于是他东奔西跑找水仙花，渡黄河、跨黄河、过黄河，和黄河打交道。转眼过了九十九天，再找上一棵水仙花，吮吸一天水仙花的汁液，就可成仙了。冯夷很得意，又过黄河去一个小村庄找水仙花。这里的水不深，冯夷趟水过河，到了河中间，突然河水涨了。他一慌，脚下打滑，跌倒在黄河中淹死了。

冯夷死后很生气，咬牙切齿地恨透了黄河，就到玉帝那里去告黄河的状。玉帝听说黄河没人管教，到处横流撒野，危害百姓，也很恼火。他见冯夷已吮吸了九十九天水仙花的汁液，也该成仙了，就问冯夷愿不愿意去当黄河水神，治理黄河。冯夷喜出望外，满口答应。这一来可了却自己成仙的心愿，二来可报被淹死之仇。

于是，冯夷就当了黄河水神，人称河伯。他从来没有接触过治水的事儿，一下子担起治理黄河的大任，束手无策，发了愁。咋办呢？自己道行浅，又没什么法宝仙术，只好又去向玉帝讨教办法。玉帝告诉他，要治理好黄河，先要摸清黄河的水情，画个河图，有黄河的水情河图为依据，治理黄河就省事多啦。

河伯按着玉帝的指点，东奔西跑了好多年，查水情，画河图，经历了很多困难，才终于画好了。等河伯把河图画好，已年老体弱了。河伯看着河图，黄河哪里深，哪里

河伯

浅；哪里好冲堤，哪里易决口；哪里该挖，哪里该堵；哪里能断水，哪里可排洪，画得一清二楚。只可叹自己没有气力去照图治理黄河了，很伤心。河伯想，总有一天会有能人来治理黄河的，那时，把河图授给他，也算自己没有白操心。河伯从此就在黄河底耐心地等待立志来治理黄河的人。

后来，终于等到了大禹出来治水，河伯就决定把黄河河图传授给他。

这一天，河伯听说大禹带着开山斧、避水剑来到黄河边，他就带着河图从水底出来，寻找大禹。河伯走了半天，累得正想歇一歇，看见河对岸走着一个年轻人。这年轻人英武雄伟，想必是大禹，河伯就喊着问起来："喂，你是谁?"

对岸的年轻人正是大禹。他抬头一看，河对岸一个仙风道骨的老人在喊，就问道："你是谁?"

大禹治水图

图说

大禹治水是中国古代的神话传说故事，著名的上古大洪水传说。他是黄帝的后代，三皇五帝时期，黄河泛滥，鲧、禹父子二人受命于尧、舜二帝，任崇伯和夏伯，负责治水。

河伯高声说：“我是河伯。你是大禹吗？”

大禹对河伯说：“我是大禹，特地来找你求教治理黄河的办法哩。”

河伯说：“我的心血和治河办法都在这张图上，现在授给你吧。”

大禹展图一看，图上密密麻麻，圈圈点点，把黄河上上下下、左左右右的水情画得一清二楚。大禹高兴极啦。他要谢谢河伯，一抬头，河伯跃进黄河早没影了。

大禹得了黄河水情图，日夜不息，根据图上的指点，终于治住了黄河。

延伸思考

从大禹用河图治理黄河的故事里你得到了什么启发？

鲤鱼跃龙门

相传，很早很早以前，龙门还未凿开，伊水流到这里被龙门山挡住了，就在山南积聚了一个大湖。

居住在黄河里的鲤鱼听说龙门风光好，都想去观光。

鲤鱼跃龙门浮雕

它们从和南孟津的黄河里出发，通过洛河，又顺伊河来到龙门水溅口的地方，但龙门山上无水路，上不去，它们只好聚在龙门的北山脚下。“我有个主意，咱们跳过这龙门山怎样？”一条大红鲤鱼对大家说。“那么高，怎么跳啊？”“跳不好会摔死的！”伙伴们七嘴八舌拿不定主意。大红鲤鱼便自告奋勇地说：“我先跳，试一试。”只见它从半里外就使出全身力量，像离弦的箭，纵身一跃，一下子跳到半天云里，带动着空中的云和雨往前走。一团天火从身后追来，烧掉了它的尾巴。它忍着疼痛，继续朝前飞跃，终于越过龙门山，落到山南的湖水中，一眨眼就变成了一条巨龙。山北的鲤鱼们见此情景，一个个被吓得缩在一块，不敢再去冒这个险了。这时，忽见天上降下一条巨龙说：“不要怕，我就是你们的伙伴大红鲤鱼，因为我跳过了龙门，就变成了龙，你们也要勇敢地跳呀！”鲤鱼们听了这些话，受到鼓舞，开始一个个挨着跳龙门山。可是除了个别的跳过去化为龙以外，大多数都过不去。凡是跳

鲤跃龙门剪纸

不过去，从空中摔下来的，额头上就落一个黑疤。直到今天，这个黑疤还长在黄河鲤鱼的额头上呢。

后来，唐朝大诗人李白，专门为这件事写了一首诗："黄河三尺鲤，本在孟津居，点额不成龙，归来伴凡鱼。"

将进酒

唐·李白

君不见黄河之水天上来，奔流到海不复回。
君不见高堂明镜悲白发，朝如青丝暮成雪。
人生得意须尽欢，莫使金樽空对月。
天生我材必有用，千金散尽还复来。
烹羊宰牛且为乐，会须一饮三百杯。
岑夫子，丹丘生，将进酒，杯莫停。
与君歌一曲，请君为我倾耳听。
钟鼓馔玉不足贵，但愿长醉不复醒。
古来圣贤皆寂寞，惟有饮者留其名。
陈王昔时宴平乐，斗酒十千恣欢谑。
主人何为言少钱，径须沽取对君酌。
五花马，千金裘，呼儿将出换美酒，与尔同销万古愁。

玉树琼花寒江畔

黑龙江

黑龙江是世界大河之一，中国北方重要的边境河流，干流江宽水深，满族语称“萨哈连乌拉”（意即黑水）。流经望建河、石里罕水等。在《辽史》里，因为江水颜色有点偏黑，像一条蜿蜒矫健的黑龙，所以以“黑龙江”来称呼这条河流。19世纪后期沙俄迫使清政府签订了不平等的《中俄瑷珲条约》《北京条约》，从此以后黑龙江就被划为中俄两国的界河。

黑龙江的传说

传说在远古的时候，黑龙江并不叫黑龙江，而叫白龙江。

白龙江边住着一户姓李的人家。男人以捕鱼种地为生，女人在家织布做饭。夫妻俩非常恩爱，但是一直没有孩子，于是两个人很是着急。等到第十八年，妻子终于生下了一个大胖小子，两口子别提多高兴了。但是令人意外的是，出生的是个半人半龙的怪物，长得又黑又胖，还拖着一条尾巴像条龙，他妈妈一看当即被吓晕了，爸爸看到生了个怪物，拿起菜刀砍了过去，一刀把孩子的尾巴砍了

中国最北端在漠河县北面的黑龙江主航道中心线上

半截。那孩子被砍一刀，疼痛之下凌空而起，冲破屋顶一路奔腾来到黑龙江边。

但天下的母亲，没有不爱自己生下来的孩子的，所以妻子渐渐地想试着给孩子喂奶吃。后来小黑龙每天晚间都回来吃奶，饱了便出去，虽然妈妈有些难过，但仍是照样每天晚上都给小黑龙奶吃。直到小黑龙渐渐长大，就偷偷离开了家。

这时候的白龙江里，有一条白龙经常兴风作浪，时常卷起狂风暴雨，把江上搞得浊浪滔天。方圆百里，一片汪洋，许多的庄稼和房子都被冲毁了。人们都惧怕这条白龙，但又没有办法制服它，于是日夜盼望有能人出现把这条白龙赶走。

一年春天，江边住着个老船夫。眼看天快黑了，蹲在窝棚前做饭，忽听身后有人问："老大爷，讨个麻烦，我在你这儿借个宿行不行?"

老船夫回头一看，是个上下穿着一身青衣的小伙儿。胖达达的身腰，密茸茸的头发，宽棱棱的额角，黑黝黝的脸膛，厚墩墩的嘴唇，浓眉大眼怪招人爱的。

"住下吧。这里前不沾村，后不着店，先到窝棚里歇歇脚，等会儿饭好一块吃点，咳，出门呀，没有带着锅碗瓢盆走道的。"老船夫念念叨叨，太阳落下山去。老船夫做好了饭和小伙子一起吃了起来，不一会儿小伙子就把锅里的饭吃个精光。老船夫就想："这黑小伙子真能吃呀，昨天我准备三天的饭，叫他一顿给吃光了。"

天色渐渐晚了，两人就睡下了，老船夫似睡非睡的时候，就听小伙对他说："我是一条黑龙，因为没了尾巴，乡

延伸思考

我们从黑龙斗白龙的故事里学到了什么?

秃尾巴老李

里人管我叫秃尾巴老李。我听说这江里有一条白龙作怪，年年发水闹灾。我想把龙赶走，再不准它在这里兴风作浪。”老汉说：“你要是真能把这条白龙赶走，可给百姓除了大害啊！”秃尾巴老李说：“不过，你得给我帮忙。”老汉一听犯愁说：“我不会水，怎么帮你呀？”秃尾巴老李说：“你不用下水，就多给我预备一些馒头和石头，堆在岸上，等我下水跟那白龙搏斗时，江面如果冒出黑沫，你就往江里扔馒头；江面若冒出白沫，你就往江里猛扔石头，这样就是帮忙了。”老汉一听便立刻答应说：“这事好办，包在我身上。”于是，老汉和秃尾巴老李天天蒸馒头、拣石头。沿江岸边拉开距离，一堆一堆的垒放起来。

一切都准备好了，秃尾巴老李变成了一条黑龙跃进江里。不一会儿，黑龙和白龙就打起来了，双方打斗得非常激烈，一时间江水翻腾，浪涛汹涌。老汉聚精会神地看着江面，不一会儿，江面冒出了黑沫来，伸出一只黑爪子，老汉就使劲往江里扔馒头。过一会，江里又冒出了白沫，伸出一只白爪子，老汉就又使劲地往江里扔石头。就这样反反复复，从早到晚整整一天，黑龙终于打败了白龙，那白龙跳出江面蹿进云层往西天而去，以后就再也不敢回来了。

黑龙回到岸上，对老船夫说："告诉乡亲们，尽管放心，以后我来管辖这条江水，不会再泛滥成灾了。我会保护大家的。"

从此，黑龙就一直住在这条江里，江水也逐渐变黑，成了现在的样子。黑龙受万民拥待，他一直维护着这一方的安宁，使百姓们世代风调雨顺，安居乐业。人们为了歌颂黑龙的功德，便把这条大江叫作黑龙江。

雾凇奇观

雾凇既不是冰也不是雪，而是由于雾中无数0℃以下而尚未结冰的雾滴随风在树枝等物体上不断积聚冻结而产生的。雾凇形成需要气温很低，而且水汽又很充分，同时能具备这两个条件非常难得。而黑龙江边就正好可以产生这些条件。

每到冬天，受降温、降雪影响，空气湿度较大的黑龙江两畔呈现雾凇美景，树木穿上白衣，山顶披盖银纱，仿佛玉树琼花一般，映衬在蓝天之下，简直就像一个童话的世界，美不胜收。

美丽的雾凇

图说

雾凇俗称树挂，是一种冰雪美景。它是由冰晶在温度低于冰点以下的物体上形成的白色不透明的粒状结构沉积物。过冷水滴（温度低于零度）碰撞到同样低于冻结温度的物体时，便会形成雾凇，是极具中国北疆特色的自然奇观。

诗文链接

塞下曲

明·程启充

黑龙江上水云腥，女真连兵下大宁。

五国城头秋月白，至今哀怨海东青。

辽河流过的地方

东北辽河

辽河，位于中国东北地区的南部，是我国东北地区南部最大的河流，是中国七大江河之一。辽河有两个源头，东源称东辽河，发源于吉林省东南部哈达岭西北麓，北流经辽源市，穿行二龙山水库，在辽宁省昌图县福德店与西源汇合，西源称西辽河。

辽河名字的由来

辽河古代称句骊河，汉代称大辽河，到了清代又被称为巨流河。为什么叫做巨流河呢？有两个不同的解释。民间传说一是因为河边有很多巨大的柳树，因为谐音而称作

辽河

图说

辽河流域总面积近22万平方公里，全长1390公里，它流经河北、内蒙古、吉林和辽宁4个省区，在辽宁省盘锦市盘山县注入渤海。

“巨流河”；二是说辽河到了铁岭、新民一段，因为它纳入了清河、柴河、秀水河、柳河、饶阳河、养息牧河等主要支流，河面阔大，河水浩瀚，因此，这一段在清朝的时候被称作“巨流河”。

延伸思考

你觉得为什么古代的辽河叫做“巨流河”呢?

东辽河的传说

从前，有一位老爷爷领着小孙女逃荒来到了东北，这里水草丰茂，风景迷人，他们就定居了下来。一天，老爷爷上山采野果回来，发现茅屋里的小孙女不见了。他伤心极了，放声痛哭，整整哭了三天三夜。最后，老爷爷挣扎着站起身来，高声喊着小孙女的名字，四处寻找孙女。就这样，他走啊走啊，不知翻过了多少座大山，趟过了多少条大河，也不知过去了多少天，走了多少路。

这天，老爷爷正在向前走着，被一条大河挡住了去路，这条河就是辽河。他抬眼望去，只见对岸不远处，有一座山，挺秀的山峰上，树木茂密。他很想走到近前去看一看，可是，河宽水急，无法过去。老爷爷又急又愁，加上连日来奔波劳累，就在河畔的一块青石上睡着了。

传说中的青龙

老爷爷恍恍惚惚地看见，有一位鹤发童颜的仙人，身穿黑棕色的长袍，手拿拂尘，站在他的面前，对老爷爷说："你不必找你的孙女了，她已经被我领到了天庭。我是你的先人。你的老家连年水灾，我有办法可以帮助你。你看，就在前面的那座山上，有一个山洞。在山洞里，藏有三颗珍珠。只要你能得到这三颗珍珠，回到你的家乡，一切灾难自然就全没了。但是，洞里有一条青龙看管着三颗珍珠，很是厉害。你只能在它熟睡的时候，才能去取珠。"仙人说完，把拂尘向一棵参天大树一抖，那棵大树就横在了河面上，正好可以过河。

老爷爷睁开眼睛，非常惊奇。他依照梦中人的指点，赶到了山脚下。只见山上树木幽深，荒草丛生，各种鸟叫格外悦耳。老爷爷找哇找哇，终于，看见一条青龙卧在一个山洞口熟睡。老爷爷悄悄地爬进洞来，洞里漆黑一片，伸手不见五指。老爷爷摸索着爬了有一里路，前面突然明亮起来，万道霞光，照亮了山洞的深处。老爷爷走到近前，只见三颗光芒四射的珍珠放在一个石匣里，老爷爷惊喜异常，拿起珍珠就向洞外跑去。

延伸思考

这个故事给我们什么启示?

不一会儿，青龙醒来了，呼啸着向老人追过来。老人情急生智，大喊一声，飞快地跑到河岸边，顺手把两颗珍珠抛向了河水。老爷爷从树上过了河，回到了家乡，把镇河的珍珠扔到经常成灾的河中。河水就恢复了平静，人民又可以安居乐业了。

而那条青龙见老人把两颗珍珠扔到河心，真是吓坏了。它怕玉皇大帝怪罪下来，就伏在地上吸起河中的水来，它想把浪高水急的东辽河水喝干。可是，千百年过去了，辽河的水仍然奔流不息。

流放者的关河

辽河文明实为中华文明最早的发源地之一，但在古文明发源地的几条著名河流中，有关辽河的诗词却很少。

这是因为清朝刚刚统一中原的时候，统治者为了维护其统治的需要，对汉族知识分子进行了残酷的打压。尤其是清初顺治、康熙、雍正三朝，大批中原和江南士人因政治反抗、朝廷党争、文字狱等，相继被流放到东北。清初开始的百年间，有十几万的流放者渡过了辽河。

延伸思考

你认为东北的居民有什么样的优秀品质？

在这十几万的流放者中，他们不管被遣戍到哪里，都必须要渡过辽河。有些人是一渡辽河，因为他们再也没有回去的机会，最终埋骨东北；有的人是好几次过辽河，来了又回去。对于他们来说，辽河是一道隔绝家乡的关河。辽河不仅给了他们深刻的印象，也给了他们诗的灵感。清初流放者的诗词集里边有很多描写辽河的诗，都是关于辽河的珍贵的文化遗产。夜宿辽河古城或晓渡辽水，都成为他们永久的记忆，记录在他们的诗中。

清乾隆帝画像

辽宁盘锦辽河碑林

诗文链接

渡辽河（节选）

清·杨宾

出关数百里，渡河日八九。
小者不知名，大者此其右。
发源自东北，汩汩西南走。
清流可濯缨，浊或泥数斗。

泾渭分明浥轻尘

夕阳下的渭河

渭河，古时候叫做渭水，它是黄河的最大支流。渭河发源于甘肃省定西市渭源县，主要流经陕西省的宝鸡、咸阳、西安、渭南等地，一直到渭南市潼关县汇入黄河。渭河全长818千米，流域总面积有13万平方千米。

历史上的渭河流域气候温润，水草丰茂、沃野千里，被人们誉为“天府之国”。那时的渭河支流充沛，大河泱泱，水碧浪青，鸟飞鱼翔，充满着诗意情怀。诗仙李白当年曾登上终南紫阁秀峰，北观渭河，感慨道：“渭水银河清，横天流不息。”远古的渭河充满着豪情与气势，它波光粼粼，沉雄宽广，滋润着流域两岸的千年热土。

泾渭分明的由来

泾河

图说

泾河是渭河一级支流，它发源于宁夏六盘山东麓。流经三省十多县，蜿蜒近千里，在西安北部注入渭河。泾河全长455.1公里，流域面积45421平方公里。

两千多年前，这里的人们把渭河称为禹河。这是为什么呢？因为当时鸟鼠山堰塞湖洪水泛滥，给关中人民的生活造成了特别大的困难。为了消除水患，造福人类，大禹跋山涉水、疏水导渭、排除洪灾，使渭河两岸的人民能够生存下去。

为了纪念大禹的功绩，当地的人们将这条河称为禹河。直到今天，关中不少老百姓还把渭河叫禹河呢。

后来为什么又改叫做渭河了呢？传说是因为唐朝宰相魏徵治国有方，爱护百姓，人们为了纪念他，取魏姓之谐音，将他封拜为渭河龙王，象征宰相犹施恩惠，保护抚育百姓，故将禹河改叫渭河。在渭河源头的渭河庙中还塑有魏徵的像，每到天旱无雨时，人们就在这里烧香祭拜，祈祷渭河龙王甘施雨露，滋润大地。

延伸思考

请用“泾渭分明”这个成语造一个句子。

在远古时期，泾河和渭河周围都是原始森林，两条河的河水也都清亮亮的，非常清澈，后来渭河沿岸渐渐被人开垦，流入河里的泥沙就越来越多，渭河就变得浑浊了。泾水作为渭水的支流，在咸阳汇入渭水，两条河水一清一浊，界限十分清楚。渐渐地，这种自然现象就演变成了一个成语，叫做泾渭分明。

成语

泾渭分明

后人用泾河之水流入渭河时清浊不混来比喻界限清楚或是非分明，也用来比喻人品的清浊，比喻对待同一事物表现出来的两种截然不同的态度。

姜太公钓鱼

千百年来，渭河流域流传着许多美丽的神话传说。姜太公钓鱼就是其中之一。

姜太公是姜子牙的尊称，他曾经辅佐周武王讨伐了商纣王，建立了周王朝，是我国历史上有名的政治家和军事家。传说姜子牙青年时期生活穷困潦倒，他的妻子常常嫌弃他没本事。姜子牙就上昆仑山修炼，刻苦学习了40年，一直到70岁才下山。下山之后，姜子牙就弄了根竹竿绑上丝线，跑到渭河的河边，钓起鱼来。从此，他天天

姜太公钓鱼

图说

姜尚，字子牙，号飞熊，也称吕尚。商朝末年人，是中国古代一位影响久远的杰出的韬略家、军事家与政治家。历代典籍都公认他的历史地位，儒、道、法、兵、纵横诸家皆追他为本家人物，被尊为“百家宗师”。

都去渭水钓鱼，但是每天一条鱼也没钓到。有渔翁看他钓鱼，用的鱼钩竟然是直的，就劝他说："钓鱼的时候鱼竿、鱼钩、鱼线和鱼漂都要精心选择。像你这样，用直的鱼钩钓鱼，怎么可能钓得到呢？"渔翁讲了半天，姜子牙竟无动于衷，漫不经心地说："我就用直钩钓鱼，听天由命，愿者上钩。"渔翁只好摇摇头走了。

有一天，周文王打猎路过渭水边，发现了姜子牙竟然用直的鱼钩钓鱼，感到非常惊奇，于是就和他聊了起来。周文王正想要讨伐商纣王，很需要人才。他与姜太公谈得很投机，发现年已古稀的姜尚很有才干，于是就请他做了国师。后来，姜太公辅佐周文王、周武王消灭了商朝。自己也被武王封于齐地，实现了建功立业的愿望。人们这才知道，姜子牙钓的不是一般的鱼，而是一国之君啊！

于是，歇后语"姜太公钓鱼，愿者上钩"便源于此。

延伸思考

姜太公的故事对你有什么启示？

魏徵梦斩泾河龙王

《西游记》里写了一个泾河上发生的故事。

传说唐朝贞观年间，连年大旱，颗粒无收。宰相魏徵

魏徵梦斩泾河龙王

为了解救黎民百姓，扮作老农微服私访。这一天他走到了老龙潭，屈指算了一卦。得知玉皇大帝传下旨意，让泾河龙王在第二天夜里的子时下雨，便在干裂的地里种瓜点豆。正巧泾河龙王变成一个凡人的样子在人间巡视，看见他的行为很是惊奇，就问他："这里连年干旱，颗粒无收，你怎么还种东西呢？"魏徵笑笑说："我知道了天机，明天子时一定会下雨，而且会下一天一夜，所以我就种东西喽。"龙王这个时候还不知道玉帝下旨降雨的事，就跟魏徵说："我打赌你说的不对！"没想到泾河龙王回龙宫后，果然接到玉皇大帝的圣旨。为了不输给魏徵，擅自篡改了下雨的时间和雨量，直下的洪水泛滥成灾，淹死了好多百姓。

延伸思考

龙王为什么会受到惩罚？

有人把这件事禀告给玉帝，玉帝大怒，降旨将泾河龙王斩首示众。一天，魏徵正在与唐太宗李世民下棋，下着下着突然睡着了，原来此时玉皇大帝召见魏徵，命其监斩触犯天条的泾河龙王，在梦中魏徵就将泾河龙王斩首了。醒来后，魏征就把前因后果都禀告给了唐太宗。

渭阳古渡

清·朱集义

长天一色渡中流，如雪芦花载满舟。

江上太公何处去，烟波依旧汉时秋。

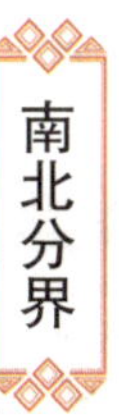

南北分界淮河水

淮河

秦岭—淮河一线是我国南北方的一条重要的地理分界线。淮河，位于中国东部，古时候叫做淮水，它位于长江与黄河之间，是中国七大河之一。淮河流域西起桐柏山和伏牛山，南以大别山和江淮丘陵与长江流域分界，北以黄河南堤和沂蒙山与黄河流域分界。它的干流流经河南、安徽、江苏三个省。淮河干流可以分为上游、中游、下游三部分，全长1000千米，流域面积有27万平方千米。

淮河流域

图说

淮河流域包括有洪泽湖、南四湖、骆马湖、高邮湖等多个较大的湖泊。其中，洪泽湖是淮河流域最大的淡水湖，也是中国第四大淡水湖。

淮河起源的传说

传说桐柏山主峰太白顶下有座大坝一样的山，拦住了出山的水，成了一个大湖。湖边住着靠打渔为生的百姓。

很久很久以前的一天，这里来了一只大蛟，喝干了湖水，太白顶下连一口水也找不到了。可这只大蛟仍然不满足，站在大坝上对着天喊了起来："水！水！快下大雨，发大水吧！”它一连喊了三天，太白顶起云了，一阵雷鸣电闪，那座山垮了，这只蛟也不见了。这只蛟不见了以后，天下起大雨，使河水涨得满满的。可到了第二天早上，河里又没水了。原来，那蛟并没离开，他变成一个叫香朗的小伙子，白天混在人群中，晚上又跑回来喝水。不论老天爷下多大的雨，它都能喝个精光。这一带旱透了，人们没水吃，眼看就要活不下去了。就对天高喊：“老天爷呀，快给我们水吧！”

太白顶上住着一个白胡子老头儿，听到喊声，就下山来四处访查，很快发现是那个叫香朗的年轻人每次刚下完雨就把河水喝干。老头儿没有打草惊蛇，悄悄地回山顶去了。第二天，白胡子老头儿来到村子里，对人们说：“我这里有一把鲜嫩的金茶叶，刚从仙树上采下来。一人只要吃一片，就不渴了。谁愿意吃？”大伙儿你推我让，都不肯先吃，香朗从人群里挤了过来，说：“我想吃！”

香朗吃了一片儿金茶叶，感觉满嘴清凉，舒服极了，

蛟龙吐水喷泉

就一口气儿把白胡子老头儿手中的金茶叶吃了个净光。金茶叶到了香朗肚里，老头儿的手拍了两下，香朗就满地滚了起来，连声喊叫：“疼啊！疼啊！”

老头儿说：“快把金茶叶吐出来吧！”香朗吐了起来。吐啊！吐啊！吐了一堆铁链子。老头儿说：“香朗！莫做坏事了，这铁链子一头我抓着，一头拽着你的心！”说着，老头儿在路边拔了一根野草当鞭子，对着香朗身上抽了三下，香朗扭了几扭，又变成了蛟龙的模样儿。

白胡子老头儿说：“你这只怪蛟，贪占雨水，苦害百姓，今天非得叫你把水再吐出来不可，要不我把你的心肝拽出来！”于是就边走边抽打蛟龙。

为什么河的传说都和龙有关？

但是蛟龙吸的水太多了，要是一下子都吐出来，人们就得受淹。白胡子老头儿牵着蛟龙向山外走，打一鞭蛟龙吐一点水，走一段路。打啊，走啊！打啊，走啊！一气儿走到东海，蛟龙肚里水才吐完。

老头儿牵蛟龙走过的地方，成了一条大河，就成了后人所说的“淮河”。

淮河乌鱼精的传说

传说在很久以前，有一条巨大无比的乌鱼精，它藏在淮河底下的大洞穴里面。洞穴上面是一个叫往流集的小镇，这里的地势既陡又高的原因就是地下藏有千年的乌鱼精。这条老乌鱼精一年四季就卧藏在淮河底下的深洞里，只有夜间才出来寻食。

有一年天气干旱，淮河水流减少了，食物也少了，乌鱼精就想逃走。这时乌鱼精已经有了很大灵气，如果乌鱼

乌鱼

图说

乌鱼，又名黑鱼、生鱼、鳢鱼、才鱼等。乌鱼身体细长，前部呈圆筒形，后部侧扁。头长，前部略平扁，后部稍隆起。

精走了，往流集的宝贵地气就会消失，整个往流集就会塌下去。

但是，乌鱼精几次想走都没有走掉。第一次，它想往下游走，刚游了四五千米，下游老鸦巷（老观巷）老鸦去啄它的身体，它只好又退回到原来的洞中。第二次，它想往上游走，只行了三四千米就被猪高（朱皋街）集上的猪给拱了回来。过了一个多月，它又想走，网留（往流）集伸开的一张张大网，把它盖照的严严实实，它再也动不了身，想走也走不掉。

往流集、老观巷、朱皋集三块宝地镇住了乌鱼精，想走也走不了，于是只能安心地住了下来，这也保住了往流集人杰地灵的地气。从此，往流集街不仅没塌下去，而且灵气远播，地气大振，越来越兴旺了。

大禹治淮河

关于淮河，民间还流传着这样一个古老的神话传说。传

“降服无支祁”雕塑

说当年大禹治水的时候，三次来到淮河边的桐柏山，却总是治理不好淮河。大禹非常着急，一打听，原来是这个地方有个叫无支祁的水神在捣乱。无支祁住在一个深潭子中，据说它“形若猿猴，缩鼻高额，青躯白首，金目血牙，颈伸百尺，力逾九象”。于是，大禹派神将庚申去与无支祁交战。庚申手拿“定海神针”，前去与无支祁交战。经过三天三夜的鏖战，终于将他打败了。被打败后的无支祁鼻子上被穿上了金铃，脖子上锁着大锁，被关在淮阴龟山脚下的深井里。从此，淮河就被疏通啦，并且一路畅通无阻地流向了大海。

延伸思考

你还知道关于大禹的什么故事？

诗文链接

频酌淮河水

南宋·戴复古

有客游濠梁，频酌淮河水。
东南水多咸，不如此水美。
春风吹绿波，郁郁中原气。
莫向北岸汲，中有英雄泪。

涛似连山喷雪来

钱塘江

钱塘江，古称浙江，是浙江省最大的河流，也是吴越文化的主要发源地之一。

钱塘潮是世界三大涌潮之一，是天体引力和地球自转的离心作用，加上杭州湾喇叭口的特殊地形所造成的特大涌潮。而且，沿海一带常刮东南风，风向与潮水方向又相同，也助长了潮势。

每年农历八月十八日前后几天是观潮的日子。大潮刚刚开始过来的时候，江面先是出现一条白线，伴随着隆隆的声响，潮头由远而近，飞驰而来。一瞬间，一面三四米高的水墙就立在了江面上，气势如万马奔腾。用李白的一句诗来形容："浙江八月何如此，涛似连山喷雪来。"

自古以来，"钱江秋涛"在国内外都很有名，观潮的习俗也延续到了今天。

延伸思考

请概括一下钱塘江大潮的原理。

钱塘江大桥

钱塘江大桥建造的过程中，日军已经开始入侵华北。眼看时间越来越紧迫，茅以升大胆地打破了传统的造桥三步法（基础—桥墩—桥梁）的顺序，改为"上下并进，一气呵成"的方法，水下造桥墩，岸上已在构桥梁。因此，造桥进程很快。

可是，还没等大桥竣工，日军的铁蹄就踏进了江南，1937年"八一三"抗战打响，工程进度更是加速，于9月26日建成。该桥对于转运物资到大后方起了重要作用。

时值抗日战争爆发，杭州不守，为了不让敌人利用大桥，茅以升决定亲手炸毁自己设计建造的大桥，时1937年12月23日。他趁着夜色，组织人员在一个桥墩预留的空孔里，放上了几万公斤炸药，一直到桥头隐约见到敌人攻过来的时候，才忍痛将大桥炸毁。

钱塘江大桥

图说

钱塘江大桥是我国自行设计、建造的第一座双层铁路、公路两用桥，横贯钱塘江南北，是连接沪杭甬、浙赣铁路的交通要道。大桥是由我国著名桥梁专家茅以升主持设计施工，于1935年4月动工，1937年9月26日建成通车。钱塘江大桥是中国铁路桥梁史上一个辉煌的里程碑。

延伸思考

你从茅以升造桥、炸桥、修桥的事迹里学到了什么？

抗战胜利后，50岁的茅以升又奉命修复钱塘江大桥。钱塘江大桥经过造桥、炸桥、修桥的艰难历程，这在古今中外的桥梁史上是从来没有的，而造桥、炸桥、修桥都出自一人，更是一个传奇。

钱塘潮声的传说

原先钱塘江的潮来时，跟其他各地的江潮一样，既没有潮头，也没有声音的。有一年，钱塘江边来了一个巨人，非常非常高大，一迈步就从江这边跨到江那边了。谁也不知道他叫什么名字，因为他住在钱塘江边，就叫他为钱大王。钱大王力气很大，他扛着一条铁扁担，常常挑些大石块来放在江边，过不多久，就堆起了一座一座的山。一天，他去挑自己在蜀山上烧了三年零三个月的盐。可是，这些盐只够他装一头，因此他在扁担的另一头系上块大石，放上肩去试试正好，就挑起来，跨到江北岸来了。这时候，天气热，钱大王因为才吃过午饭，有些累了，便放下担子歇歇，没想到竟打起瞌睡来。

正巧，东海龙王这时出来巡江，潮水涨起来了。涨呀涨的，竟涨到岸上来，把钱大王的盐慢慢都溶化了。东海龙王闻闻，水里哪来这股咸味呀，而且愈来愈咸，愈来

钱塘江潮水

愈咸。

他受不了，返身就逃，没想逃到海洋里，把海洋的水都弄咸了。这位钱大王呢，睡了一觉，两眼一睁，看见扁担一头的石头还放在硖石（就是现在钱塘江附近有名的硖石山），而另一头的盐却没有了！ 钱大王找来找去，找不着盐，一低头，闻到江里有咸味，他想：哦，怪不得盐没有了，原来被东海龙王偷去了。于是他举起扁担就打海水。一扁担打得大小鱼儿都震死；两扁担打得江底翻了身；三扁担打得东海龙王冒出水面求饶命。

东海龙王战战兢兢地问钱大王，究竟为什么发这样大的脾气。钱大王说："你把我的盐偷到什么地方去了？"东海龙王这才明白海水变咸的原因。连忙赔了罪，就把自己怎样巡江，怎样把钱大王的盐无意中溶化了，使得海洋的水也咸起来的事情，全都说了。

钱大王心里好气呀，想用扁担打东海龙王一顿才甘心。东海龙王慌得连连叩头求饶，并答应用海水晒出盐来赔偿钱大王；以后涨潮的时候就用潮声叫他起来，免得钱大王再睡着了听不见。钱大王听听这两个条件还不错，便饶了东海龙王，把自己的扁担向杭州湾口一放，说："以后潮水来就从这里叫起！"东海龙王连连答应，钱大王这才高高兴兴地走了。

从那个时候起，潮水一进杭州湾，就伸起脖子，"哗哗哗"地喊叫着，涨到钱大王坐过的地方，叫得顶响。举世闻名的"钱江潮"就是这样来的。

延伸思考

你觉得故事里的钱大王做得对不对？为什么？

宋·李嵩《钱塘观潮图》

图说

此画描绘浙江钱塘江涨潮情景。图中江面空旷浩渺，一望无际，一股江涛滚滚而来；两艘帆船，乘风破浪前进。近岸房舍栉比林立，烟树凄迷，对岸云山连绵，轻勾谈染，朦朦胧胧。线条纤细，用笔草草，不拘一格。作者李嵩（1166—1243），南宋画家，钱塘人。少为木工，后为画院待诏李从训养子，随其习画。历任光宗、宁宗、理宗三朝画院待诏。擅长人物、佛像，尤长界画。

诗文链接

酒泉子·长忆观潮

宋·潘阆

长忆观潮，满郭人争江上望。
来疑沧海尽成空，万面鼓声中。
弄涛儿向涛头立，手把红旗旗不湿。
别来几向梦中看，梦觉尚心寒。

高原“血液”

雅鲁藏布江

位于西藏的雅鲁藏布江，是中国最长的高原河流，也是世界上海拔最高的大河之一。它发源于西藏西南部喜马拉雅山北麓的杰马央宗冰川，由西向东横贯西藏南部，绕过喜马拉雅山脉最东端的南迦巴瓦峰转向南流，经巴昔卡出中国境。

海拔最高的河

雅鲁藏布江，发源于中国的西藏自治区，古时候叫做“央恰布藏布”，现在叫做雅鲁藏布江。在藏语里，“雅鲁”指的是从天上来，“藏布”的意思是江，连起来的意思就是“高山流下的雪水”。

这条江流经藏族文明的主要发源地，被藏族视为“摇篮”和“母亲河”。在中国境内部分的长度是2057千米，流域面积24.6万平方千米，是中国的第6大河、西藏地区第一大河。它是世界海拔最高的大河，也是中国坡降最陡的大河。

雅鲁藏布江大峡谷

雅鲁藏布大峡谷

雅鲁藏布大峡谷是地球上最深的峡谷。它全长有500多千米，最深处有6千米，平均深度2268米，是当之无愧的世界第一大峡谷。

雅鲁藏布大峡谷，位于雅鲁藏布江下游南迦巴瓦峰，在这里形成世界上最为奇特的马蹄形大拐弯，不仅在地貌景观上异常奇特，而且成为世界上具有独特水汽通道作用的大峡谷，并造就了青藏高原东南部奇特的森林生态景观。它抱拥的山岭最高达海拔7782米，而最深处的谷地深达6009米，令科罗拉多等世界其他峡谷望尘莫及。从

雅鲁藏布大峡谷大拐弯

图说

雅鲁藏布大峡谷大拐弯：一般指南迦峰周围的南迦大拐弯（在林芝县排龙乡）。

高山冰雪带到热带雨林共有九个垂直自然带在这里分布，是世界山地垂直自然带最齐全的地方。

延伸思考

你还知道世界上的哪些大峡谷？

成语

望尘莫及

莫：不；及：赶上。远远望见前面人马带起的尘土，觉得自己赶不上。比喻远远落后，赶不上。

大峡谷的传说

关于雅鲁藏布大峡谷大拐弯有一个有趣的故事。传说神山冈仁波齐雪山有四个子女，分别是雅鲁藏布江（马泉河）、狮泉河、象泉河和孔雀河。有一次四兄妹一起出门，他们相约分头出发在印度洋相会。雅鲁藏布江在历经

传说中的“杀人树”

疑似野人的照片

图说

野人是一种未被证实存在的高等灵长目动物，直立行走，比猿类高等，具有一定的智能。其较为正式的学术名称是“直立高等灵长目奇异动物”。

艰险后来到了工布地区，受一只小鹞子的欺骗，而三个兄妹早已比他先到了印度洋，于是匆忙中从南迦巴瓦峰脚下掉头南奔，一路的高山陡崖都不能挡住他的脚步。为早日与兄妹们相会，哪里地势陡峭险峻他就从哪里跳下去，最终形成了这条深嵌在千山万谷中的雅鲁藏布大峡谷。

在雅鲁藏布大峡谷地区，自古以来都有着野人的传说，从原始森林到雪山都曾经发现过野人的踪迹。看见过的人说，野人身高有两米，浑身长满了红色或者棕色的长毛，眼睛凹进去，嘴巴凸出来，像人一样直立行走，能发出简单的声音。但这些都是当地人的传说，并没有实质性证据，所有这些传说也给大峡谷涂上了一层神秘的色彩。

还有人说，在大峡谷的原始森林里存在一种非常危险的植物，叫作“杀人树”。它长着很多藤蔓，这些藤蔓可以很有力地缠绕猎物，而且可以从藤蔓的触须上分泌出毒液，麻醉它的猎物。猎物慢慢失去知觉，它的血肉也就成了“杀人树”的养分了。但是目前为止，也没有人能够确认这种植物是不是真的存在。大自然是如此奇妙，这些秘密都等待着后人的探索。

延伸思考

你相信有野人和杀人树吗？为什么？

成语

奇花异草

珍奇罕见的花草。

诗文链接

雅鲁藏布大峡谷

佚名

奔跑千羊斜谷壑，疾飞数鹫竖冰峰。
下观动魄撕肝胆，上望惊心裂肺胸。
恶险横生绝断境，宽深吞咽巨长虫。
豆杉挺立雪云聚，世界屋脊魔幻中。

桂林山水甲天下

夕阳下的漓江

漓江属珠江水系，发源于广西桂林兴安县猫儿山，像蜿蜒的玉带，缠绕在苍翠的奇峰中。乘舟泛游漓江，可观奇峰倒影、碧水青山、牧童悠歌、渔翁闲吊、古朴的田园人家、清新的空气，一切都那么诗情画意。

漓江最著名的景点包括一江（漓江）、两洞（芦笛岩、七星岩）、三山（独秀峰、伏波山、叠彩山），它们基本上是桂林山水的精华所在。

大河一般都是向东流淌的，因为地球西部地形高，东部地形低。但唯有湘江的水是由南向北而去，漓江的水由北向南而下，于是就有了“湘漓分流”、“相离而去”的说法。另外漓江的“漓”字，在字典里面是清澈、透明的意思，漓江才故此得名。

刘三姐和桂林米粉的传说

传说在桂林住着一位名叫刘三姐的美丽善良的姑娘。她不仅歌唱得好，而且还有一手制作桂林米粉的绝佳手艺，经她制作的米粉不仅洁白如玉，润滑如丝，而且极富韧性、口感奇好。据说，仅卤水的调制，就用了香料达26种之多。刘三姐嫁给了一个勤劳的青年阿牛哥。他们在村口的对歌坛旁，开了一家米粉店，名曰“阿牛嫂米粉店”，由于口味独特，加上三姐甜美的歌声，吸引了方圆几十里的人们，前来对歌品尝，一时间，小店门庭若市，热闹非凡。

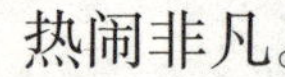

桂林米粉

当地有一个财主恶霸叫莫怀仁，对刘三姐的聪慧与美貌早就垂涎已久，想霸占她。他几次失败后，便恼羞成怒，勾结官府，罗列罪名，一把火烧了阿牛嫂的米粉店，这激起了当地民众的极大义愤。为了帮助刘三姐，十里八乡的乡亲们闻讯拿起锄头木棒堵住了恶霸的家门，一场大的流血冲突眼看不可避免。三姐心急如焚，不忍心让乡亲们流血受牵连，她仰天长啸一声，毅然纵身跳入了漓江之中。

突然，从江中一下蹿出了两条金色的大鲤鱼，一条驮载着三姐飞升上天，在空中留恋地盘旋了几圈后朝天宫飞去。三姐从此得道成仙，成了天宫中专司美食与歌唱的仙女。而另一条鲤鱼，则冲着莫怀仁和官兵直扑而去，将他们重重地压在水中，由于尾巴高高地露在水面，变成了迄今仍屹立在漓江边的鱼尾峰，刘三姐的歌声连同“阿牛嫂米粉”就此在世上消失了。

直到多少年后，有人无意中进到了鱼尾峰的一个山洞里，借着火烛的光亮，发现在石壁上分明书写着“阿牛嫂

刘三姐雕像

图说

刘三姐，是民间传说的壮族人物。聪慧机敏，歌如泉涌，优美动人，有“歌仙”之誉。人们对其无比喜爱，有关她的故事与记载很多，为纪念刘三姐更是将每年的三月三定为壮族的全民性节日——“三月三”歌节。

延伸思考

你吃过桂林米粉吗？这个故事给了我们什么启示？

米粉”的调制方法和制作工艺。于是，经过人们的悉心试验，美味的“阿牛嫂桂林米粉”又传承了下来。

象鼻山的传说

象鼻山坐落在漓江边，因为象鼻子正好伸进漓江之中，酷似一只酣饮江水的神象。说起来，关于象鼻山还有一段令人感叹的神话故事。

很久以前，有一天，有一个妖怪来到漓江边，自称“雉凤大仙”，骑着一头宝象。桂林的百姓都跑出来看热闹。

只见雉妖冷笑一声，轻轻拍拍象头，大象伸出长鼻卷起一个老头，甩到远处的漓江里。人们顿时感到大祸临头，纷纷关门闭户，不敢出来。

雉妖哈哈大笑说：“从此以后，我就是桂林的大王，谁不服，我就叫大象吃掉他。”接着他又叫大象拔树、毁田、翻江，好端端的一个桂林城，被两个妖精弄得一塌糊涂。

这情景使牧马老人变成的老人山也慌了神，赶忙跑去请嫦娥。嫦娥很生气，怒道：“何方来的妖孽，敢这么横行霸道!”于是就架起云头，前去降妖。

雉妖一开始很嚣张，对嫦娥说道：“今天不给你一点颜色看看，你不知道我的厉害。”说完变出三十六只手，提了十八般兵器，向嫦娥袭来。嫦娥与雉妖斗了几个回合，雉妖感觉打不过，就钻进地里逃了。

逃走的雉妖找到大象，发现大象正在漓江里洗澡，就把气都撒在大象身上了。他大骂：“我险些没命了，你不

象鼻山

图说

象鼻山，坐落在桂林市中心的漓江与桃花江汇流处，形似一头鼻子伸进漓江饮水的巨象，象鼻和象腿之间是面积约一百五十平方米的圆洞，江水穿洞而过，如明月浮水。

助战，反在这里玩乐，气死我了！”说着抽出皮鞭，打得大象皮开肉绽。这时嫦娥追来，雉妖化作一道金光逃之夭夭了。

嫦娥看大象很可怜，于是找来灵芝让大象吃了，大象的伤体才复了元。大象十分感激嫦娥的救命之恩，想到自己以前跟着雉妖做了许多坏事，决定痛改前非，便留在桂林，补救自己的罪过。它春天耕田，夏天抗旱，秋收运谷，终于赢得了人们的信任和喜爱。

雉妖第二年来到桂林，看见大象居然帮老百姓干活，便破口大骂：“真是个没出息的，跟着我有吃有喝多威风，却在这里当奴才！跟我走！”这时的大象已经不比从前了，死活不肯走。百姓闻讯赶来，把雉妖团团围住，骂道：“妖怪，快滚！滚得远远的，我们不愿看见你！”

雉妖火冒三丈，抽出皮鞭就打，大象发怒了，用长鼻把雉妖卷起一甩，甩到了很远的地方。

雉妖万万没想到大象会打主人，决定要出这口恶气。他返回桂林后，正赶上桂林大旱，百姓们正在抗旱，大象正把长鼻伸进水月潭里，吸起水来，喷向庄稼。雉妖趁机拔出利剑，驾上云头，来到大象头顶，他猛地向象背一刺，长剑穿过大象的肚子，一直刺到地下去了。大象被牢牢地钉在原地，动弹不得。这时候嫦娥赶到了，拿起照妖镜一照，但见金光一道从天而降，雉妖被砸死在大象的后面。

后来，大象就化作了石山，象山上的宝塔，就是当年雉妖刺穿大象所留的剑柄，象鼻山也成了桂林的象征。

延伸思考

从这个故事中你学到了什么？

诗文链接

游阳朔

近代·董必武

漓江春水绿悠悠，
细雨昊天结伴游。
两岸奇峰看不尽，
碧莲峰下泊行舟。

鱼头宴上出英豪

松花江雪景

松花江是中国的七大河之一，也是黑龙江在中国境内的最大支流。松花江在隋朝的时候被称为难河，唐代叫做那水。辽金两代称鸭子河、混同江，清代叫做混同江、松花江。松花江流经吉林、黑龙江两省，流域面积有55.72万平方千米。

松花江流域土地肥沃，物产丰富，养育了千千万万的中华儿女。

松花江

图说

松花江是黑龙江在中国境内的最大支流，中国七大河之一，东北地区的大动脉，本身也有两条主要支流。其一为源于白头山天池的第二松花江，其二为源于小兴安岭的嫩江，两条支流在扶余县汇合始称松花江，折向东北流至同江县注入黑龙江。

松花江的由来

人们都说，松树只结松塔，只长松子，不开花。那么，松花江的名字又是怎么来的？听放山伐木的老年人说，早些时候，松树也开花，后来，让人给借走了。说起来，里面还有个故事呢。

传说很久以前，黑龙江地面，满都是山呀水呀，树木林立，只有很少的人烟。那时候，兴安岭和长白山都是连着的，数不清的江河湖泊，也都直通大海。整年是波浪滔天，没边没沿的。就在这一片大水当中，有个生满莲花的大湖，叫莲花湖。

这个湖可不一般。湖面上，不论冬夏，总是盖满荷花叶子，粉莲白莲马蹄莲，有红有绿又有黄，一茬接一茬地开，没有断捻儿的时候。再说那荷叶底下，脊梁挨着脊梁，腮帮挨着腮帮，里三层外三层，全是鱼呀，蛤蜊呀。

松花江“龙吸水”现象

仔细一瞅，那每条鱼的眼睛，都是一对琥珀色的大琉琉儿，每个蛤蜊壳里，全含着一颗溜光锃亮的夜明珠。一到星星月亮出全的晚上，天上地下，瑞气千条，霞光万道，整个大湖，简直跟“聚宝盆”一样。

可是就在这么一块风水宝地，不知道什么时候，闯进一条白翅白鳞的恶龙，它的外号叫“小白龙”。起初它在湖底藏着，不声不响。慢慢地，就放肆起来。动不动就掀起狂风巨浪，把碧碧澄澄的一湖清水搅个底朝天。荷花谢了，鱼没了，蛤蜊也闭了嘴，夜明珠也不再闪光发亮了。眼睁睁一片宝湖，瞬时变成臭烘烘的死水了。方圆几百里的地方都受到牵连，总也得不到消停。

威镇东海的老龙王发现了这件事，就派了黑翅黑鳞的大黑龙去降服小白龙。一开始大黑龙根本没有把小白龙放在眼里。他自认为，我身强力壮，法力高强，对付小白龙还不是手到擒来吗？这样，它就一路呼风唤雨，撒着欢儿来到莲花湖。大黑龙啥都没带，只拖上一条预备捆小白龙的锁链。半路上，为了显威风，还故意抖动锁链儿。这一抖不要紧，一声闪一声雷，让小白龙提前察觉了。

小白龙知道来了敌人，早有准备。它把鱼呀、蛤蜊呀填了一肚子。吃饱喝足之后，就躲在暗处。大黑龙来了之后，找了半天也没见到小白龙。肚子也饿了，身体也乏了，劲也懈了。就在这时，小白龙猛地蹿上来，使龙角连豁带撞，没使多大力气，就把大黑龙打退到了三江口。

第二次再来，大黑龙就顺江底走了。可是没料到，它游到哪儿，水是黑的，浪也是黑的，染得云彩雾气都跟乌漆似的。又被小白龙发现了，它赶忙鱼呀、蛤蜊呀，又塞满肚子，养足精神，藏在湖礁背后。等大黑龙肚子又饿了，身体又累了，小白龙飞身出水，没几个回合，就又把大黑龙赶到了东海口。

大黑龙想明白了，只有想个办法，只有神不知鬼不觉地接近小白龙，才能把它擒住。可是，到底用什么办法呢？想来想去，转眼已是第二年夏天了。地面，满是松树花，洁白一片。有的花，落在水面上，把江河湖泊都盖住了。大黑龙一看，乐坏了。“我何不到山上去借松树花？”想罢，它吃饱喝足，收拾利落，来到长白山和兴安岭，飞来飞去跑了几圈，连趴带抓，不一会儿，把松树花打落在地，龙卷风一扫，就全聚到水面上了。再一看，江面全白了，掩盖了大黑龙的行踪，大黑龙顺江而下，这次一下子就降服了小白龙。

松花都被黑龙洒进了江里，松树就不开花了，而那条江就被叫作松花江了。

延伸思考

这个故事给了我们什么启示?

鱼头宴上的阿骨打

松花鱼是一种东北特有的鱼，肉质非常鲜美，尤其是它的鱼头。李时珍曾经说过：“鳙之美在头。”这里的鳙就是松花鱼。根据现代医学研究，松花鱼的鱼脑中含有多种不饱和脂肪酸、脑黄金，属天然的滋补物质，所以常吃鱼头有益身体健康。而鱼头宴也是东北的一种极具特色的美食。关于鱼头宴，还有一个历史故事呢！

鲜美的鱼头锅

北宋时期，我国东北地区的女真族逐渐强大起来。女真人民长期受辽朝贵族的统治和压榨，早就产生了强烈的反抗情绪。

有一年春天，辽天祚帝耶律延禧到东北春州（在今吉林省）巡游，兴致勃勃地在松花江捕鱼，并且命令当地的女真各部酋长都到春州赴鱼头宴。

辽天祚帝几杯酒下肚，有了几分醉意，命令女真族的酋长们给他跳舞。那些酋长虽然不愿意，但是不敢违抗命令，就挨个儿离开座位，跳起民族舞蹈来。

但轮到一个青年人时，他却不愿意跳。他神情冷漠，两眼直瞪瞪地望着天祚帝，一动也不动。这个青年就是女真族完颜部酋长乌雅束的儿子，名叫阿骨打。

辽天祚帝见阿骨打居然敢当着大家的面顶撞他，很不高兴，一再催他跳。一些酋长怕他得罪天祚帝，也从旁劝他。可是不管好说歹说，阿骨打拿定主意不跳，叫天祚帝下不了台阶。

这场鱼头宴闹得不欢而散。辽天祚帝当场没发作，散

完颜阿骨打征战图

席之后，他跟大臣萧奉先说：“阿骨打这小子这样跋扈，实在使人没法容忍。不如趁早杀了他，免得留下后患。”

完颜阿骨打

图说

完颜阿骨打（1068—1123），女真族完颜部人，金朝开国皇帝。他雄才大略，意志坚定，从鱼头宴的故事就可见一斑。他在敌对势力十分强大的情况下，平定四方，创建金国，取得了非凡的历史成就。阿骨打作为女真族总首领，完成了建国、破辽两件大事。女真族的历史从此开始了一个新时期。

萧奉先认为阿骨打没有大过失，杀了他怕引起其他酋长的不满，就说："他是个粗人，不懂得礼节，不值得跟他计较。就算他有什么野心，小小一个部落，也成不了气候。"

辽天祚帝觉得萧奉先说得有道理，也就把这件事搁在一边。

延伸思考

你从阿骨打的身上学到了什么？

然而阿骨打是个性格刚强的人，多年来对辽朝贵族欺负女真人民的事早就忍无可忍。不久，阿骨打继任完颜部首领，他建筑城堡，修理武器，训练人马，逐步统一了女真各部，建立了金国。他就是金太祖。阿骨打带领人民反抗辽国，并最终灭了辽国，使人民不再受压迫。

成语

忍无可忍

再也无法忍受下去。

诗文链接

松花江放船歌（节选）

清·爱新觉罗·玄烨

松花江，江水清，夜来雨过春涛声，浪花叠锦绣縠明。

彩帆画鹢随风轻，箫韶小奏中流鸣，苍岩翠壁两岸横。

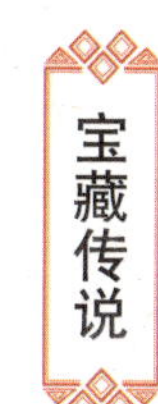

疑是银河落九天

黄果树瀑布

奔腾的河水自70多米高的悬崖绝壁上飞流直泻犀牛潭，发出震天巨响，如千人击鼓，万马奔腾，声似雷鸣，远震数里之外，使游人感到惊心动魄。

黄果树瀑布以其雄奇壮阔的大瀑布、连环密布的瀑布群而闻名于海内外，十分壮丽。明代旅行家徐霞客也曾游览过这里，并记录在了自己的游记中。

黄色果子的瀑布

传说古时候在贵州有一条河叫白水河，白水河像一条玉带，蜿蜒流淌在崇山峻岭之间，冲破石峡，滑过石板，时而欢跃奔腾，时而缓游漫吟。白水河淌进扁担山槽子，

贵州黄果树瀑布

图说

黄果树瀑布位于贵州省安顺市镇宁布依族苗族自治县。因本地广泛分布着“黄葛榕”而得名，它是亚洲最大的瀑布，也是中国第一大瀑布，并且被纳入“世界最壮观的瀑布”之列。

两岸杨柳依依，翠竹摇曳；清澈的河水中，山影倒映，游鱼憧憧。在河水将要流出扁担山槽子的地方，河岸右边的青山脚，一片密密的钓鱼竹林中，一间茅草房依山傍水，静静地立在山崖下。长满青苔的屋顶，留下了久远岁月的印记；破败的竹篱竹门，印上了漫漫洪荒的痕迹。茅草房里住着一对布依族老夫妇，老爷爷七十二岁，老奶奶六十八岁，加起来整整一百四十岁。

两个老人无儿无女，靠老爷爷每年在河边和山上砍倒一片片芦苇茅草，放火烧成灰，栽了谷子包谷来度日；靠老奶奶割了野麻来织布，喂养鸡鸭下蛋，换得油盐来做菜。两位老者天一黑就关门睡觉，鸡打鸣就起来劳作。日子过得不饥不寒，却十分冷清。几十年里，两个老人都十分想生个一男半女。可是天天盼，夜夜想，老爷爷想花了眼，老奶奶想皱了脸，送子娘娘却好像把他们这一家人忘记了。老爷爷年轻的时候，在外头听人家说，女人怀孕后最爱吃酸东西。他特意挖了一棵黄果树苗来栽在房子背后。如今四五十年过去，黄果树已经长得高过了草房，却是年年只开花，不结果。两个老人想：这是天意了。思子的迫切心情渐渐淡漠，互相从来没有抱怨过对方一句。

这年初秋，一天夜里，天气凉爽，草屋外月光明净，夜风轻轻吹响竹叶，窸窸窣窣。两老各人拥一块麻布夹被，并枕躺在竹床上。老爷爷吸完一袋烟，将烟锅在床前地上磕了磕，闭上眼睛，不一会就“呼呼”地打起香甜的鼾声。老奶奶侧身躺着，却没有一点儿睡意。她不愿惊睡老者的美梦，就静静地听着屋外竹叶沙沙的低唱，睁着眼看着小窗外远远的星星。有一颗星星又大又亮，一直挂在南山顶上，一动不动，好像也在久久地凝望着茅草房中的老奶奶。老奶奶似乎感到那颗星星的光照到自己心田里，热热的。大半夜过去了，老奶奶才迷迷糊糊地睡着了。

朦胧中，老奶奶仿佛看见南边天上的那颗星星向自己家飘来。飘啊飘啊，越飘越近。一道白光从小竹窗飞进草屋，变成了一个白胡子老神仙，站在老奶奶的竹床前，脸上笑眯眯的。“雅卜依（布依女人）哟，你想有个儿郎吗?”老奶奶惊喜地答道：“想啊，很想要个儿郎。”“你家房背后的黄果树，最高的那一枝今年结了一个黄果。这个黄果还要养足一百天，你们去摘下来，你吃了后，明年就会有个聪明的儿郎了。”白胡子神仙说完就不见了。老奶奶兴奋地叫喊起来，醒了。天也有点儿亮了。老奶奶摇醒老爷爷，把梦见的事情告诉他。两个老人急忙穿衣下床，开了后门出去看，果然，黄果树的高枝上，密叶中一个拳头大的果子露出一小半，青皮在转黄了。从此，每天上午，老爷爷上山收庄稼，下午睡觉，晚上就通宵坐在黄果树下看守着；老奶奶白天则一边做饭，一边看守。老爷爷守了九十九夜，夜夜连眼都不敢眨一下。守到最后一夜，眼看再有几袋烟的时间，等天一明就可以上树去摘下黄果来给老奶奶吃了。

天近拂晓，突然刮来一阵冷风。随风飞来一只鹞子，朝黄果树顶扑来。老者打了一个寒战，心中升起一个大疑团：天不亮，这鹞子飞出来做什么？莫非出鬼了

黄果

么！他抓了一块石头跳起来，顺势朝鹞子掷去。鹞子在空中翻个身，避开石头，直冲到树尖，双爪一抓，就把那个黄果攫走了。老者拎起装满石块的皮囊，吼着赶鹞子，跑一步甩一块石头。老奶奶也被惊醒了，提了把镰刀跑出来，指着空中的鹞子跺脚咒骂。鹞子盘旋着飞过树梢，飞过竹林，飞到白水河上，眼看就要飞到对岸的陡山崖上去了。老者从皮囊里掏出最后一块石头，狠狠地朝可恶的鹞子甩去。不偏不倚，那块石头正击中鹞子的肚腹。它的双爪一松，黄果直直地向白水河心落下来。“轰隆”一声，石破天惊，黄果把白水河砸断了，下半截河比上截河落陷下去几十丈。黄果树瀑布就是这样形成的。

黄果树瀑布宝藏的传说

相传很古很古以前，大瀑布边上住着一对专种黄果的老夫妻。从他们的爷爷的爷爷那时起，就听说瀑布下边的深潭里尽是金银珠宝，那绚丽的彩虹便是潭底的金银珠宝放射出来的光芒。俯首下望深潭，可以看到数不清的金银珠宝在水中翻滚，闪烁出诱人的珠光。有谁能得到打开深潭的钥匙，谁就能取用潭底的宝贝。

有一年，老夫妻种的一百棵黄果树，虽然棵棵开花，却只有一棵树结了一个果子。一天，来了一个商人，说这是一个宝，愿出一千两银子买下这个黄果，并相约一百天后再来摘取。临行时，商人留下五十两一锭的银元宝作为定钱，叮嘱他们不要把这件事对其他人讲，还交代要日夜轮班守候在树下，不许人摸，不准鸟啄。

按照商人的吩咐，老夫妻俩果然日夜守候树下，一月，两月，黄果越长越大，到第九十九天，黄果长得如同南瓜大小，又香又黄。老夫妻俩由于连日的轮流守护，精疲力尽，再也支撑不住了，于是，老两口提前一天把黄果摘下放到屋里收藏起来。第二天，商人来了，得知黄果已被提前一天摘下，心中便有些不悦，既成事实，说也没用，商人拿了黄果就往瀑布边跑，一会儿，商人跑到瀑布边，把大黄果往潭心一扔，顿时奇迹出现了：瀑布静止不动，潭水消逝，金银珠宝堆满了潭底。商人不顾性命地放下有一百级的绳梯，顺着绳梯滑下去，捡呀，装呀，直到再也拿不了了才往上爬。当他爬到第九十九级绳梯时，忽然天崩地裂一场巨响，瀑布奔腾飞泻，潭水涨满，贪心的商人被葬身潭底。

老汉见贪心的商人遭到惩罚，便摸出那五十两银元宝扔进潭中，依然回去种庄稼，栽黄果。从此，这个大瀑布就被人叫做黄果树瀑布。瀑布脚下的深潭中依然堆满了金银珠宝，可是再也没有人能够得到打开它的钥匙。

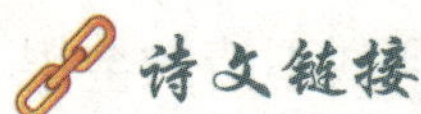

黄果树瀑布

翟培基

白水浩荡群山中，骤止断崖跌九重。
声若雷滚撼天地，势如江翻腾蛟龙。
万里晴空抛碧纱，飞雪喷珠耀彩虹。
水帘洞内观日落，云蒸霞蔚沐苍生。

黄沙中的生命线

塔里木河

在我国的新疆维吾尔自治区，有这么一条河，流经中国最大的内陆盆地塔里木盆地，它就是塔里木河。塔里木河是古代丝绸之路上的一条神秘的河流。“塔里木”一词在古突厥语中的意思是“注入湖泊、沙漠的河水支流”。

塔里木河是由发源于天山山脉的阿克苏河、发源于喀喇昆仑山的叶尔羌河及和田河汇流而成。塔里木河全长2137千米，是世界第5大内流河，也是中国最长的内流河。

塔里木河非常神秘，它是一条会跑的河流。在历史上它曾经改道了很多次，最后一次在1921年，主流东流入孔雀河注入罗布泊。塔里木河流过的地方因为有河水的滋润而变成绿洲地带。

塔里木河的传说

从前在茫茫戈壁荒滩的边缘有一个小村庄。每到春天，村庄周围便长满粉红色野麻花，漂亮极了。

村子里有个美丽的姑娘，名叫琪格古丽。有很多小伙子，成群结队驮着礼物，不远千里来求婚。但是姑娘一个也没看中，人们都在猜测："姑娘一定早有心上人了。"

其实姑娘并没有心上人，而是有了心事。由于干旱，家乡的绿洲快要变成荒漠了。眼看着乡亲们一个个含泪离开家乡，她的心就像刀割一样疼。

离村庄不远处的沙泉边住着一户猎人，猎人的儿子叫塔里木。塔里木是一个力大无比的英俊小伙子，还是个神箭手，射起飞禽走兽百发百中。塔里木早就爱上了这个美丽、善良的姑娘。

聪明的塔里木终于从姑娘的歌声中听出了姑娘的心事。他向姑娘诉说了自己的爱慕之心，然后说："我们把沙漠里的水汇集起来，让这沙漠戈壁荒滩变成绿洲，我们世世代代永远居住在这里。"

姑娘其实也爱上了聪明的塔里木。她想了想，对塔里木说："老人们曾经说过，雪山里有天池水，被锁在石壁中，沙漠古城废墟中的黄沙怪霸占着开石壁的金钥匙。几百年来，黄沙恶魔在这里横行无忌，危害百姓。我们只要除掉黄沙怪，就不愁没水了。”

塔里木说：“好，我去射死黄沙怪，我一定要拿到金钥匙。”姑娘要跟着他一起去，塔里木没有同意，自己骑着马进了沙漠。

三天后，沙漠中卷起了漫天黄沙，黄沙里还有一股黑雾，这一定是塔里木正在和黄沙怪搏斗。狂风卷起了黄沙铺天盖地向四处飞散，日月都看不见了。整整十天，黄沙

沙暴

图说

沙暴也称沙尘暴或尘暴。指强风将地面尘沙吹起使空气变得很混浊，水平能见度小于1千米的天气现象。出现时，黄沙滚滚，昏天暗日。冬、春季在沙漠地区午后和长期缺雨的干松土地上常见。中国西北内陆不少地区每年沙暴日数达30天以上，东南地区罕见。

才开始消散。

姑娘心急如焚，她和乡亲们骑着马，赶到大漠腹地，找到了奄奄一息的塔里木，旁边躺着黄沙怪被射得千疮百孔的尸体。

姑娘冲上去扶起塔里木，含泪说："亲爱的，你受苦了，我们现在可以成亲了。"乡亲们也流着泪，唱起了祝愿的歌。塔里木深情地望着琪格古丽，把金钥匙放到姑娘手里，安详地闭上了眼睛。

延伸思考

你从小伙子塔里木的事迹里学到了什么？

悲痛欲绝的姑娘哭呀哭呀，哭得天昏地暗。最后悲痛过度，也闭上了那明月般的黑眼睛，乡亲们把他们合葬在沙泉边。

从此，雪山向沙漠淌进了一条长龙般的蓝色河流。水到之处，万条小溪向沙漠靠拢汇集。成片的森林耸立在大沙漠里，瓜果、稻麦的清香飘满了昔日的荒滩沙漠。为了纪念他们的丰功伟绩，人们就给这条河取名塔里木河。

丝绸之路

塔里木河也孕育了一条联通欧亚的商道，叫作"丝绸之路"。这个名字是由德国探险家费迪南·冯·李希霍芬来塔里木盆地探险时起的，如今被广泛使用。

丝绸之路是以长安（今西安）为起点，经甘肃、新疆，到中亚、西亚，并连接地中海各国的陆上通道。这条通路，将中原、西域与阿拉伯、波斯湾紧密联系在一起。经过几个世纪的不断努力，丝绸之路向西伸展到了地中海，成为了亚洲和欧洲、非洲各国经济文化交流的友谊之路。这里人文历史积淀丰富，保留了一大批历史悠久的文化遗产。

楼兰消失之谜

在塔里木盆地里，有一个被称为“沙漠中的庞贝”的神秘古城，就是西域古国楼兰。

楼兰在历史上是丝绸之路上的一个枢纽，中西方贸易的一个重要中心。司马迁在《史记》中曾记载：“楼兰，姑师邑有城郭，临盐泽。”这是文献上第一次记载楼兰

楼兰遗址

图说

楼兰国是西域古国名，是中国西部的一个古代小国，国都楼兰城（遗址在今中国新疆罗布泊西北岸）。国人属印欧人种，语言为印欧语系的吐火罗语。楼兰名称最早见于《史记》，曾经为丝绸之路必经之地，现只存遗迹，地处新疆巴音郭楞蒙古自治州若羌县北境，罗布泊的西北角、孔雀河道南岸的7公里处。

城。西汉时，楼兰的人口总共有1.4万人，商旅云集，市场热闹，还有整齐的街道，雄壮的佛寺、宝塔。

然而，不知道在什么年代，这个繁荣一时的城镇神秘地消失了。直到1900年，瑞典探险家斯文·赫定来到这里探险，他沿着塔里木河向东走，找水的途中无意间发现了楼兰古国的废墟。

楼兰城从沙丘下被人发现了，但一个更大的谜困惑着探险家们：繁华多时的楼兰城为什么销声匿迹，绿洲变成沙漠、戈壁，沙进城埋呢？

原因众说纷纭，有人说因为塔里木河和孔雀河改道了，流向低洼处，形成新湖，导致原来的罗布泊水源枯竭，楼兰的居民只能离开这里，留下死城一座，在肆虐的沙漠风暴中，楼兰终于被沙丘湮没了。

延伸思考

楼兰古城的消失给了你怎样的思考？

成语

众说纷纭

纷纭：多而杂乱。各种说法很多而不一致。

诗文链接

从军行七首·其四

唐·王昌龄

青海长云暗雪山，孤城遥望玉门关。
黄沙百战穿金甲，不破楼兰终不还。

赣江西畔从今日

赣江风光

赣江是长江主要支流之一，是江西省最大的河流。赣江位于长江中下游南岸，源出赣闽边界武夷山西麓，自南向北纵贯全省，有13条主要支流汇入。

赣江通过鄱阳湖与长江相连，是江西省水运大动脉，

赣江源头

图说

江西最大河流——赣江，其源头位于赣州石城东南部的武夷山脉西南坡横江赣江源村，源头河石寮溪从这里汩汩而流。赣江源头区域资源丰富、物种繁多，对涵养水源、保持水土，保护赣江水系稳定及水质不受污染具有重要作用。

延伸思考

赣江在我国的哪个省？

也是远景规划赣粤运河的组成河段。

赣江的名称由来

赣江是长江八大支流之一，被称为江西的母亲河。赣江是江西最大的河流，就其水量而言，为长江的第四大河。赣江的源流有两支，东支称贡水，是赣江的正源，发源于赣闽交界武夷山的黄竹岭；西支称章水，由池江和上犹江汇合而成。贡水与章水在赣州市八境台下汇合，始称赣江。赣字即章、贡两字合并而成，这就是赣江名称的由来。由水及州，赣州也因此得名。

赣江蜿蜒北流，穿越一连串的红色盆地和丘陵峡谷，沿途景色万千。赣水上有“万堆顽石耸礁尧”的“十八滩”，所经处便是文天祥诗文中的惶恐滩，无怪乎民族英雄文天祥会在其《过零丁洋》诗中吟咏出“惶恐滩头说惶恐，零丁洋上叹零丁，人生自古谁无死，留取丹心照汗青”的传世名句。出峡过万安，河谷豁然开朗，呈现眼帘的是波状起伏的红盆地。过了吉安，赣江又进入丘陵起伏、河谷束狭的峡江县境。赣江出峡江即蜿蜒流过土地开阔的新干、清江、丰城等县，经南昌后注入鄱阳湖。

险要十八滩

全长751千米的赣江，从赣州奔腾而下直达万安，在100千米的航道上有九曲二十四个滩，著名的十八滩是由漂神滩、锦滩、大蓼滩、小蓼滩、武索滩、晓滩、昆仑滩、梁滩、会神滩、阳滩、阴滩、铜盆滩、小湖滩、天柱滩、横滩、鳖滩、储滩和惶恐滩组成。其中，惶恐滩更是水恶滩险，令人望而生惧。说起十八滩的险要，过去有首民谣是这样说的：“赣江十八滩，滩滩鬼门关，竹篙点水心胆寒，十船过滩九船翻。”船只上滩时，要点香烛，放爆竹，拜河神，敬水神，请滩师引航，请纤夫拉纤。纤夫

惶恐滩

拉纤是“四脚落地背朝天，一声号子愁和怨”“扒破指头撑断篙，血染缆绳拉断腰”，可见过去纤夫之艰苦。

十八滩的传说

赣江上游近三百里的江中，原兀立着十八座巨石，那里水流湍急，漩涡密布。来往船只经过，都得格外小心，稍不留神就会船翻人亡。这就是有名的赣江十八滩。

传说，赣江原是江道通畅，并无这十八滩。唐朝末年，一位姓杨名筠松，人称救贫仙人的堪舆家，精通地理之术，手中有一根赶山鞭，有移山填川之功。杨救贫因避唐末之乱，路经虔州（即今赣州），拜见当时割据赣州的百胜军防御使卢光稠。卢欲据虔州称王，知杨救贫深通地理之术，便求杨看看虔州的风水如何，是否可筑皇城而称王。杨救贫受托踏看地理。见虔州三面环水，城形像一只硕大的金龟，城郭四周的十条山脉由远处起伏而来，宛如十条青蛇，远远望去，犹如“十蛇聚龟”，是块极佳的风水宝地。然而，美中不足的是，章、贡二水在虔州城北合流为赣江，滔滔江水直朝北奔流，江面太宽，水流太大，风水都随着江水给流走了。卢光稠问：“有何办法？”杨答：“有，只要在城北二十里地的储潭将赣江江面堵小一点，使赣水水流小些，虔州便可成为广京城。”卢光稠称王心切，一面令人筑皇城，一面托杨救贫作法堵水。以图皇城筑发之时，也正是江水堵成之日，便可称王了。

杨救贫受托，带着赶山鞭便匆匆启程，赶往赣江下游。到那里他精心采选了十八块像小山一样的巨石，然后作起法来，顷刻间十八块巨石都成了十八只活蹦乱跳的花猪仔。杨救贫挥动赶山鞭，十八只花猪仔前前后后沿赣江往虔州方向奔跑。

赶呀，赶。杨救贫因来回奔波，已觉周身疲乏。恰经一松软的沙滩，心想，反正离虔州已不远了，不如在此歇歇再走，于是便躺下休息。不想这一躺，使不知不觉地睡着了。

正好观音菩萨路过，远远看见一群猪崽往赣江上游奔跑，觉得奇怪，留神一看，原来是一些石头。心想：“谁将这石头赶来？”于是便扮一村妇在河边洗衣，看看是谁作法赶石。

再说，杨救贫一觉醒来，见猪崽已跑得无影无踪了，于是沿江追来。追至一处，见一村妇埋头在河下洗衣，便问：“大嫂，你可曾见得一伙猪崽经此跑过？”村妇站起来，上下打量了一下杨救贫，答道：“不曾看见有什么猪崽经过，倒看见上游有好些石头！”杨救贫听后，知这村妇并非凡人，赶山之事已败露，转身便走。那十八只在江边蹦跳奔跑的猪崽被观音点破，变成十八块巨石滚入江中。从此以后，赣江中从万安至虔州一段就有了这十八险滩。

赣江码头

诗文链接

赣 江

宋 · 周必大

迹落蛮夷地，艰危分饱经。
盘涡随棹舞，惊浪溅船零。
石乱舟才过，峰回眼谩青。
晚来荒浦宿，愁绪转冥冥。

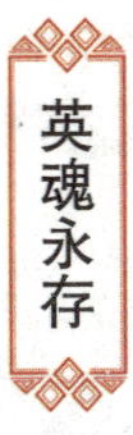

楚客英魂眠水府

汨罗江

汨罗江口汇入洞庭湖。汨罗江分为南北两支，南支称“汨水”，为主源；北支称“罗水”，至汨罗市屈谭（大丘湾）汇合称“汨罗江”。汨罗江全长253千米，流域面积

汨罗江

达5543平方千米。长乐以上，河流流经丘陵山区，水系发育，水量丰富。长乐以下，支流汇入较少，河道展宽可以通航。诗人屈原曾于公元前278年农历五月初五投汨罗江自杀。

屈原怒投汨罗江

古时候有一个叫做屈原的人，在楚王手下做大夫。后来因为很多人陷害屈原，楚王越来越不信任屈原，只信奸臣，就免去了屈原的大夫一职。

屈原很伤心，认为楚国很快就会衰落了。就来到了水泽边，日日夜夜在那里走来走去。不久，他脸色憔悴，身体干瘦。这时，一只小鸟飞过来，唧唧喳喳地问屈原："你不是在楚王手下当大夫吗？怎么跑到这里来了，那些大臣和楚王都昏庸，这一个国家都靠你啊！""是啊，"屈原叹了口气，继续说："就是因为他们都昏庸，我一人反抗力不足，国家就要衰落了呀！那些昏庸的人多、心齐，楚王是不会信我的。”小鸟很感动，说：“那你为什么不去其他国家呢?”“唉，我这一下子跑了，楚国怎么办，毕竟

龙舟

图说

龙舟竞赛作为一项水上运动，经历了功利性、纪念性和竞技性三种基本形态。功利型的龙舟竞渡，是指起始萌生阶段的龙舟竞渡，从时间上讲，大致在先秦。原始时期的先民，在水上捕捞、渡水劳动，特别是在水患中的逃命、救人和水上争斗中，争相竞渡。纪念型的龙舟竞渡，形成于汉魏六朝，延续至今。竞技型龙舟竞渡，形成于20世纪70年代至90年代，其发展可追溯至1976年举行的香港龙舟邀请赛，此后，龙舟竞赛成为现代体育项目，热潮席卷全球30多个国家和地区。

我是楚国人，当然会为着楚国想啊！唉，腐败的君王，奸臣，楚国就要毁在他们的手里了。”

说完，屈原便抱着一块大石头跳进江水里自尽了。小鸟连忙飞到村子中告诉大家。渔民和附近的庄稼人知道了这个消息，赶紧划着小船去救屈原。不一会儿工夫，好些小船争先恐后地来了。可是水如碧玉，哪儿有屈原的影儿呐？他们在汨罗江上捞了半天，最后也没找到屈原。

渔民很悲伤，他们对着江面上祭祀了一会儿，把竹筒子里的米饭撒在水里。因为人们怕江里的鱼儿们吃掉屈原的尸体，就给他们吃了米饭。由于鱼儿可以吃到美味的食物，所以汨罗江的鱼儿长得又肥又壮、鱼肉鲜美。到了第二年五月初五那一天，老百姓们都会想起这是屈原投江的日子了，又划着船，用竹筒子盛上米饭撒到水里去祭祀他。

到后来，人们把盛着米饭的竹筒子改成粽子，划小船改为赛龙船，把五月初五称为端午节，也叫端阳节。

卷唐河的传说

卷唐河是汨罗江的一条支流。

卷唐河河水清澈，两岸山色青翠，风景秀丽，勤劳憨厚的卷唐河人世世代代繁衍生息在这风景如画的山水之间，过着男耕女织的悠闲日子。

很久以前，这条河叫唐河。也不知到了哪朝哪代，唐河边有一唐姓大户，家财万贯，田地无数，富冠一方。但却为富不仁，横行霸道，欺压乡邻。

其时，东海龙王之子触犯天条，被罚到唐河显身受惩，龙尾搁在河北岸山上的天池，龙头伸在唐河之中。俗话说，天上的龙肉好吃，地上果子狸肉味美。唐大户见有伸手可得的龙肉送上门来，便隔三差五地割些龙肉让自己一家解馋享用。只有唐家老太太一人觉得，活生生地从龙身上割肉太残忍了，怜悯龙痛苦，不忍心吃，便把每次给她的那份龙肉倒回龙的身上，说来也怪，倒回到龙身上的肉使龙体又重新复原了。

日月如梭，年复一年，唐大户照例毫无顾忌地割吃龙肉，老太太仍旧把龙肉倒回龙的身上。这日，龙受罚期满，回龙宫时倾盆大雨下了几天几天夜，河水暴涨，淹没

屈原故里

图说

湖北省秭归县是中国战国时代楚国伟大爱国诗人屈原的故乡，也是楚文化发源地之一。秭归纪念屈原遗迹甚多，自唐以来，屈原的诞生地乐平里（现屈原村）就建有屈原庙，朝代更迭，修庙建庙没有停止，现仍保留三间八景遗迹。

延伸思考

你知道哪些关于屈原的文学作品?

了唐大户的房屋、田地，唐家人急忙往后山上逃命，河水随之高涨。最后，龙尾一卷，将唐家人全部卷入洪水之中，唯独那位老太太，因龙感谢她还肉的善举，将其卷进一个大盆，随水漂流而去，才幸免于难。

龙走了，水退了，山河依旧，百姓安然。人们也许是为了怀念龙惩恶扬善之举，相信善恶终有报的因果报应，便将这条河叫作了卷唐河。

成语

善有善报

善有善报，恶有恶报：做好事得好报，做坏事得坏报。

诗文链接

国殇（节选）

先秦·屈原

操吴戈兮被犀甲，车错毂兮短兵接。
旌蔽日兮敌若云，矢交坠兮士争先。
凌余阵兮躐余行，左骖殪兮右刃伤。
霾两轮兮絷四马，援玉枹兮击鸣鼓。